essentials

essentials liefern aktuelles Wissen in konzentrierter Form. Die Essenz dessen, worauf es als „State-of-the-Art" in der gegenwärtigen Fachdiskussion oder in der Praxis ankommt. essentials informieren schnell, unkompliziert und verständlich

- als Einführung in ein aktuelles Thema aus Ihrem Fachgebiet
- als Einstieg in ein für Sie noch unbekanntes Themenfeld
- als Einblick, um zum Thema mitreden zu können

Die Bücher in elektronischer und gedruckter Form bringen das Expertenwissen von Springer-Fachautoren kompakt zur Darstellung. Sie sind besonders für die Nutzung als eBook auf Tablet-PCs, eBook-Readern und Smartphones geeignet. essentials: Wissensbausteine aus den Wirtschafts, Sozial- und Geisteswissenschaften, aus Technik und Naturwissenschaften sowie aus Medizin, Psychologie und Gesundheitsberufen. Von renommierten Autoren aller Springer-Verlagsmarken.

Dieter Bögenhold · Uwe Fachinger

Berufliche Selbstständigkeit

Theoretische und empirische Vermessungen

Dieter Bögenhold
Alpen-Adria-Universität Klagenfurt
Klagenfurt am Wörthersee
Österreich

Uwe Fachinger
Universität Vechta
Vechta
Deutschland

ISSN 2197-6708
essentials
ISBN 978-3-658-13282-8
DOI 10.1007/978-3-658-13283-5

ISSN 2197-6716 (electronic)

ISBN 978-3-658-13283-5 (eBook)

Die Deutsche Nationalbibliothek verzeichnet diese Publikation in der Deutschen Nationalbibliografie; detaillierte bibliografische Daten sind im Internet über http://dnb.d-nb.de abrufbar.

Springer VS

Gedruckt auf säurefreiem und chlorfrei gebleichtem Papier

Springer VS ist Teil von Springer Nature
Die eingetragene Gesellschaft ist Springer Fachmedien Wiesbaden

Was Sie in diesem Essential finden können

- Unmerklich gehen sie in unseren Wortschatz und in unser Denken ein – Begriffe wie start-ups, freelancer, cloud working, Economy 5.0, 2.0 World, iConomy. Dabei referenzieren die Begriffe implizit auch auf selbstständige Erwerbsarbeit und Unternehmertum, ohne dass die Verbindungen immer ausreichend deutlich markiert sind.
- Erfolgreiche Unternehmensgründer fungieren als wirtschaftspolitische Leitbilder von Personen, für die der Horatio Alger Mythos – the American Dream – Realität wurde. Tatsächlich ist die Situation häufig wesentlich ernüchternder, als sie in der Sozialromantik des „Wer will, der kann" dargestellt wird.
- Entrepreneurship wurde in den letzten Jahren zu einer neudeutschen Allerweltsbegrifflichkeit, von der – auch im akademischen Bereich – niemand exakt und eindeutig weiß, was sie nun konkret beinhaltet. So leistet der Begriff Entrepreneurship derzeit für Forschungen über diverse Themen selbstständiger Arbeit und deren Anwendungen Vorschub.
- Es ist nicht sinnvoll, pauschal über *die* Selbstständigen zu sprechen, sondern es müssen vielmehr die *Heterogenitäten* herausgearbeitet und zum Thema gemacht werden. Wichtig ist dabei die Unterscheidung unterschiedlicher Ebenen der Diskussion, nämlich eine wirtschafts- und wachstumspolitische, eine arbeitsmarkttheoretische und -politische Ebene, aber auch technologie- und regionalpolitische Implikationen und sozialpolitische Aspekte.

Vorwort

In der öffentlichen Darstellung erscheint die Sozialfigur des Unternehmensgründers häufig in einem ausgesprochen positiven Licht. Die Faszination an den Menschen, die sich in Richtung eines selbstständigen Unternehmertums beruflich verändern, liegt ein gutes Stück weit in den damit assoziierten Attributen und Wertungen begründet. „Initiative ergreifen", „dynamisch sein", „sich selbstverwirklichen" und „sein eigener Chef werden" fungieren semantisch als Interpretationen und Synonyme der neu ergriffenen Unternehmerrolle. Erfolgreiche Unternehmer fungieren zudem als wirtschaftspolitische Leitbilder von Personen, für die der Horatio Alger Mythos – the American Dream – Realität wurde.

Das Phänomen des Unternehmertums übt schon seit langer Zeit eine Faszination in den Populärmedien, aber zunehmend auch in den Sozialwissenschaften aus und ist Gegenstand der Analysen in unterschiedlichen Disziplinen. Zur Fassung des Gegenstandsbereichs werden dabei eine Vielzahl von Begriffen wie Entrepreneurship, Unternehmertum, Selbstständigkeit, Unternehmer oder Solo-Selbstständige verwendet. Gleichzeitig spiegeln sich in diesen Begrifflichkeiten die sich ändernden Gegebenheiten sowie die Heterogenität und Diversifikation selbstständiger Erwerbstätigkeit wider. Tatsächlich ist die Situation häufig wesentlich ernüchternder, als sie in der Sozialromantik des „Wer will, der kann" dargestellt wird.

Insbesondere Entrepreneurship wurde in den letzten Jahren zu einer neudeutschen Allerweltsbegrifflichkeit, von der – auch im akademischen Bereich – niemand so richtig weiß, was nun konkret ihr exklusiver Gegenstandsbereich ist. So leistet der Begriff Entrepreneurship derzeit für Forschungen über diverse Themen selbstständiger Arbeit und deren Anwendungen Vorschub. Häufig wird dabei allerdings übersehen, dass die tradierte Gliederung des berufsstrukturellen Kanons in abhängige und selbstständige Erwerbsarbeit immer brüchiger geworden ist.

Deshalb ist es nicht sinnvoll, pauschal über *die* Selbstständigen zu sprechen, sondern es müssen vielmehr die *Heterogenitäten* beachtet und zum Thema gemacht werden. Wichtig ist dabei auch, dass wir unterschiedliche Ebenen der Diskussion unterscheiden, nämlich eine wirtschafts- und wachstumspolitische, eine arbeitsmarkttheoretische und -politische Ebene, aber auch technologie- und regionalpolitische Implikationen und sozialpolitische Aspekte. Dieser *Essentials*-Titel faßt eine Reihe von Überlegungen in aller Kürze zusammen, die von *Dieter Bögenhold* und *Uwe Fachinger* seit der zweiten Hälfte der 1990er Jahre in einer Reihe von Publikationen in stets wechselnden Perspektiven beleuchtet wurden.

Inhaltsverzeichnis

Selbstständigkeit und Entrepreneurship: Soziale Vielschichtigkeit und Forschungsfragen

1

Wer die Sozial- und Wirtschaftsstruktur moderner Gesellschaften lediglich im Sinne einer „Blaupause", also wie eine Momentaufnahme, betrachtet, vernachlässigt die *Dynamik*, die sich hinter den zu beobachtenden Salden vollzieht: Eine Bestandszahl kann dieselbe bleiben, während sich „dahinter" unter Umständen ein beträchtlicher sozialer Austausch vollzieht. Die Konstanz einer sozioökonomischen Kategorie bei einer gleichzeitig laufenden Veränderung und Umschichtung der personellen Zusammensetzung hatten schon Schumpeter inspiriert zu schreiben, dass jede Klasse während der Dauer ihres Kollektivlebens einem Omnibus oder Hotel gleiche, welche ständig besetzt seien, aber von immer anderen Leuten (Schumpeter 1953). Von Bedeutung sind immer häufiger einmal erwerbs*biographische* Aspekte, demnach Menschen zwischen abhängiger und selbstständiger Beschäftigung wechseln, je nach Erwerbsgelegenheiten, Alter und sonstigen individuellen und gesellschaftlichen Abwägungen. Dann gibt es weiterhin hybride Erwerbsformen: Das sind insbesondere Kleinstselbstständigkeiten, die nebenher abhängig „jobben", um ein höheres Einkommen zu erzielen, oder abhängig Beschäftigte, die nebenberuflich Formen beruflicher Selbstständigkeit ausüben. Schließlich ist weiterhin das Phänomen bekannt, dass Formen beruflicher Selbstständigkeit gelegentlich eher an Formen abhängiger Beschäftigung erinnern, weil unternehmerische Spielräume und Handlungsalternativen der Beteiligten, wenn überhaupt, dann nur stark eingeschränkt vorhanden sind.

Vier in ihren Auswirkungen interdependente Trends sind während der letzten 15 Jahre beobachtbar.

1. *Zunahme der Mikroselbstständigkeit*
   Nach einem über viele Jahrzehnte anhaltenden Rückgang der Selbstständigen, ist die Zahl der Selbstständigen während der letzten 15 Jahre wieder ansteigend. Dabei zeigt eine Differenzierung der Selbstständigen, dass die Anzahl der

© Springer Fachmedien Wiesbaden 2016

D. Bögenhold, U. Fachinger, *Berufliche Selbstständigkeit*, essentials,

DOI 10.1007/978-3-658-13283-5_1

1

„Kleinstselbstständigen" (Solo-Selbstständige ohne weitere Beschäftigte in ihren wirtschaftlichen Unternehmungen) zugenommen hat.

2. *Destandardisierung und Mobilität*

Eine Zunahme der Unstetigkeit der Erwerbstätigkeit mit häufigen Wechseln zwischen abhängiger und selbstständiger Beschäftigung sowie auch zwischen Arbeits- und Auftragslosigkeit ist weiterhin auffällig. Hier entstehen tendenziell neue Formen von Erwerbskarrieren, die ein hohes Maß an Unsicherheit verbunden mit einem teilweise hohen materiellen Risiko beinhalten. Parallel dazu zeigt sich ein hohes Ausmaß an Destandardisierung innerhalb der Kategorie der beruflichen Selbstständigkeit. Es gibt diesbezüglich erhebliche Unterschiede mit Blick auf Soziallagen, wie sie sich unter anderem durch die wirtschaftlichen Tätigkeiten verdeutlichen. Diese kommt u. a. in der Heterogenität der wöchentlichen Arbeitszeiten zum Ausdruck. So liegen einerseits viele Arbeitszeiten im Bereich von deutlich mehr als 40 Wochenstunden, andererseits finden sich auch erhebliche Anteile von geringfügigen Wochenstundenbelastungen. Die verschiedenen Momente von Destandardisierung zeigen eine beträchtliche Form an Diversität in dieser Erwerbskategorie.

3. *Erwerbshybridisierung*

In Zusammenhang mit Unstetigkeit, Destandardisierung und Heterogenität gibt es weiterhin zunehmend Formen einer *Erwerbshybridisierung,* demnach nicht nur die Erwerbsbiographie verschiedene Phasen von abhängiger Erwerbstätigkeit und Selbstständigkeit beinhaltet, sondern auch Mehrfachbeschäftigungen und Kombinationen *zeitgleich* vorzufinden sind.

4. *Erwerbsprekarisierung*

Mit Erwerbsprekarisierung wird der Umstand adressiert, dass Einkommen aus Erwerbsarbeit ungenügend sind, um die materielle Existenz zu sichern. Es ist zurzeit unklar, ob und inwieweit sich mit der Expansion von Erwerbshybridisierungen eine neue Segmentierungslinie im Erwerbssystem eröffnet und inwieweit sich bedingt durch unterdurchschnittliche Einkommen und instabile Soziallagen in kurzfristigen Kontrakten und riskanten Marktlagen hier neue Formen von Prekarität eröffnen (zu Problemen der Alterssicherung siehe Fachinger et al. 2004). Es ist zu vermuten, dass eine beträchtliche Zahl der „neuen Selbstständigen" zum Kreise derer gehören dürften, aus denen sich in Folge von Prekarisierung erheblich gestiegene Insolvenzen rekrutieren.

Prinzipiell lässt sich konstatieren, dass eine erhebliche Zunahme sozialer Mobilität in die und aus der Erwerbskategorie der Selbstständigkeit vorliegt. Die bisherige Forschung über berufliche Übergänge in Verbindung mit der Frage nach spezifischen Alterskohorten und entsprechenden Mustern sozialer Mobilität verweisen auf „multiepisodische Prozesse" von Berufskarrieren (Blossfeld 1987; Schulze

Buschoff 2010). Weder gibt es immer weniger nur den *einen* Beruf lebenslang, noch gibt es prinzipiell typische Muster des „Sich-Selbstständig-Machens". Die Passagen in die berufliche Selbstständigkeit (Bögenhold 1989) sind stattdessen vielschichtig, dasselbe gilt für die Eintrittswege in die Erwerbstätigkeit generell, wo die Muster „ausfransen" und sich multiple Erscheinungen finden. Der Beginn einer Erwerbskarriere verläuft immer häufiger auf diskontinuierlichen Wegen durch Verkettungen von Praktika, befristeten Beschäftigungsverträgen oder Teilzeittätigkeiten und auch die biographischen Spätphasen der Erwerbsarbeit sind nie unmittelbar zielgerichtet und gradlinig. Immer häufiger gibt es auch in diesen früh- und spätgenerativen Phasen Elemente von beruflicher Selbstständigkeit.

Wenn die beruflichen Übergänge von und zur beruflichen Selbstständigkeit wechselseitig von höherer Durchlässigkeit sind, wirft das eine Reihe von dezidierten Fragen nach dem Verständnis des Arbeitsmarktes auf. Ferner ist die Frage nach diversen Differenzierungslinien relevant: Welche Berufe, welche Märkte, welche Regionen sind von Belang? Differenzierungen nach Geschlecht, Erwerbsbiographie und Alter geben weitergehende Informationen, die ein zurzeit eher diffuses Bild aufhellen können.

Dabei geht es nicht nur um eine gewöhnliche Bilanzierung von Mobilität in Richtung Selbstständigkeit. Vielmehr wird auch den Prozessen des „Sich-Selbstständig-Machens" im Kontext mit biographischen Erwerbssequenzen Aufmerksamkeit zuteil werden müssen. Einerseits stellt berufliche Selbstständigkeit einen frühen Erwerbsabschnitt dar, weil sich traditionelle Berufs- und Aufstiegswege in abhängiger Beschäftigung nicht eröffnen. Andererseits kann die selbstständige Erwerbstätigkeit auch das Resultat einer erfolgreichen Erwerbskarriere sein, insbesondere auch in den tradierten Berufen im Handwerk.

Daneben zeigt sich ein Muster des Neueinstiegs in die Selbstständigkeit immer häufiger auch für die späten Sequenzen der Berufstätigkeit, wenn Menschen aus längerer Zeit ausgeübter (abhängiger) Berufstätigkeit nicht direkt in den Renten- oder Pensionsempfang übergehen. Wir wissen heute relativ wenig über die Muster von sozialer Mobilität in die bzw. aus der Selbstständigkeit in Abhängigkeit vom Lebensalter und der Erwerbsbiographie. Zur Erfassung dieser komplexen Sachverhalte ist es erforderlich, eine prinzipielle Systematik der Definition beruflicher Selbstständigkeit zu erstellen, da dieser Begriff eher diffus und nicht einheitlich in der Literatur verwendet wird.

Berufliche Selbstständigkeit: Eingrenzungen und Ausgrenzungen des Forschungsgegenstandes 2

Unternehmensgründungen und Unternehmertum sind heute populäre Stichworte in der wirtschaftspolitischen Diskussion. Es werden damit verschiedene Lösungsansätze für Probleme des Arbeitsmarktes und für die Steigerung volkswirtschaftlicher Innovationen verbunden. Noch moderner ist freilich der englischsprachige Terminus Entrepreneurship geworden. Dabei lässt sich nicht übersehen, dass es sowohl in der wirtschaftstheoretischen als auch in der wirtschaftspolitischen Diskussion Probleme mit einer konsensualen Begriffsdefinition gibt. Es finden sich in der Dogmengeschichte der volkswirtschaftlichen Lehrmeinungen zahlreiche konkurrierende Begriffsinhalte hinsichtlich dessen, was mit Entrepreneurship inhaltlich gefasst wird.

In der öffentlichen Darstellung erscheint die Sozialfigur des Unternehmensgründers häufig in einem ausgesprochen positiven Licht. Die Faszination an den Menschen, die sich in Richtung eines selbstständigen Unternehmertums beruflich verändern, liegt ein gutes Stück weit in den damit assoziierten Attributen und Wertungen begründet. „Initiative ergreifen", „dynamisch sein", „sich selbstverwirklichen" und „sein eigener Chef werden" fungieren semantisch als Interpretationen und Synonyme der neu ergriffenen Unternehmerrolle. Erfolgreiche Unternehmer fungieren zudem als wirtschaftspolitische Leitbilder von Personen, für die der Horatio Alger Mythos – der American Dream – Realität wurde.

Tatsächlich ist die Situation häufig wesentlich ernüchternder, als sie in der Sozialromantik des „Wer will, der kann" dargestellt wird. Jedenfalls ist es nicht so, dass man sich per Entscheidung einen „plötzlichen Ruck" gibt, um von nun an als Unternehmer zu arbeiten, sondern es handelt sich im Einzelfall um höchst vielschichtige wirtschaftliche und soziale Prozesse, die genauer analysiert und verstanden werden müssen, will man den Prozess des beruflich Selbstständigwerdens oder von Unternehmensgründungen und deren Einbettung in einen institutionellen Zusammenhang hinreichend konzeptualisieren und verstehen.

© Springer Fachmedien Wiesbaden 2016

D. Bögenhold, U. Fachinger, *Berufliche Selbstständigkeit*, essentials,

DOI 10.1007/978-3-658-13283-5_2

En vogue ist gegenwärtig freilich der englischsprachige Terminus *Entre-preneurship* (Davidsson 2004; Audretsch 2007). Dieses ethymologische Mixtum aus der französischen und englischen Sprache hat sich als fester Bestandteil unserer Sprache und zahlreicher wirtschaftspolitischer Diskussionen etabliert. Heute erscheint der ethymologische Entstehungszusammenhang wenig bekannt und die Gefahr ist, dass Entrepreneurship gelegentlich nur ein modisches Label für mancherlei Beliebiges ohne präzise Definition ist. Stattdessen muss der Gegenstand Entrepreneurship stets in einem sozialen und historischen Kontext gesehen und verstanden werden. Außerdem finden wir in der Literatur verschiedene stereotype Klassifikationen, die Aussagen über Wesen, Rolle und Funktion von Entrepreneurship in einem sehr prinzipiellen Sinne machen, der von kulturellen Gegebenheiten und historischen Kontexten losgelöst ist und insofern steril erscheint (Überblicke sind etwa bei Landström und Lohrke 2010; Hébert und Link 1982, 2009 zu finden).

Damit erscheint der Terminus *Entrepreneurship* als offen und letztlich auch als vage, weil er Anlass gibt, recht unterschiedliche Dinge damit zu assoziieren. Im Kern der meisten Assoziationen dürfte freilich eine Verbindung mit der Idee vom Unternehmertum liegen. Nun ist freilich auch die Begrifflichkeit vom Unternehmertum keine konsensual geteilte Begrifflichkeit. So fasst etwa Schumpeter (1964) als Unternehmer nur solche Wirtschaftspersonen, die innovativ sind. Andererseits macht Schumpeter bei der Verwendung der Unternehmer-Terminologie keinen Unterschied, ob die Wirtschaftspersonen nun als Manager abhängig beschäftigt oder ob sie beruflich selbstständig sind. Die Mehrheit der Autoren spricht freilich von Unternehmern zumeist dann, wenn sie auch wirtschaftlich und beruflich selbstständig tätig sind. Insofern gibt es hier durchaus unterschiedliche Praktiken im Bereich der wirtschaftstheoretischen Grundlegungen und Bezüge und neben Schumpeter (1964) finden sich zahlreiche weitere Autoren im thematischen Feld von Entrepreneurship, die je spezifische Bedeutungsgehalte und Reichweiten haben.

Für Kirzner sind Unternehmertum und Wettbewerb analytisch untrennbar miteinander verbunden. Märkte sind demnach – anders als in neoklassischer Wahrnehmung – ständig im Wandel und müssen als „geschehnishafte Prozesse" (Kirzner 1979, S. 1) betrachtet werden. „Das unternehmerische Element im Verhalten der Marktteilnehmer besteht …. in ihrer Findigkeit in bezug auf bisher unbemerkte Veränderungen von Umständen" (Kirzner 1979, S. 12). Mit Blick auf das Unternehmertum bedeutet das, dass nicht nur der Kontext von Unternehmertum mitgedacht werden muss, sondern auch dessen entsprechender Wandel im zeitlichen Verlauf (Baumol 1990; Welter 2011).

Insofern ist es auch wenig sinnvoll, nur abstrakt über Entrepreneurship oder die berufliche Selbstständigkeit zu sprechen, wenn nicht die Koordinaten von Zeit und Raum spezifiziert werden. Parallel zu der jeweiligen Änderung der zeitlichinstitutionellen Veränderungen von Wirtschaftsgesellschaften und deren Märkten änderten sich auch die intellektuellen Perzeptionen von Entrepreneurship.

Problematisch erscheint auch die Gleichsetzung von beruflicher Selbstständigkeit mit der Kategorie der kleinen und mittleren Unternehmen (KMUs). Die pragmatische Gleichsetzung von Selbstständigen mit Unternehmern erweist sich besonders dort als schwierig, wo

1. Doppelberufstätigkeiten im Sinne der biographischen Kombination von abhängiger Beschäftigung und beruflicher Selbstständigkeit bestehen,
2. Selbstständigkeiten existieren, die nur in kleinen Anteilen einer normalen Vollzeiterwerbstätigkeit ausgeübt werden, und
3. prekäre Formen von Erwerbstätigkeit im Gewande von Selbstständigkeit vorliegen, die sämtliche Risiken sozialer Sicherung selber tragen, ohne entsprechende Dispositionsfreiheiten und hinreichende Einkommen zu besitzen.

Das Problem liegt darin, dass *qua definitionem* Selbstständige für deren Werk und abhängig Beschäftigte für deren Wirken vergütet werden (Däubler 2009). Rechtlich formal erzielen Selbstständige Einkommen für den – kontraktuell festgelegten – Verkauf von Werken in Form von Gütern oder Dienstleistungen, während abhängig Beschäftigte arbeitsrechtlich festgelegt ihre Arbeitskraft pauschal verkaufen und für ihr Wirken entgolten werden. Es ist unklar, ob mit dieser Grenzziehung heute noch die realen Gegebenheiten erfasst werden können und ob die Verschiebungen und Korrekturen an die Grenzen der Begrifflichkeit und des Verständnisses der erwerbsstrukturellen Kategorien reichen. Diese *differentia specifica* ist bei empirischem Licht gesehen gelegentlich beliebig und austauschbar, wenn nicht zwischen Inhalten der Tätigkeit und dem formalen Beschäftigungsverhältnis unterschieden wird. Allerdings finden sich stets spezifische Vor- oder Nachteile für die jeweils Beteiligten jenseits oder diesseits der entsprechenden Grenzen. Gerade dort, wo kleine Selbstständige in erster Linie Verwerter ihrer Arbeitskraft sind und insofern mit Pongratz und Voß (2003) als *Arbeitskraftunternehmer* bezeichnet werden können, fällt die entsprechende Zuordnung gelegentlich sehr schwer.

Eine weitere Problematik bei Eingrenzungen und Ausgrenzungen selbstständiger Erwerbsarbeit sind die fließenden Übergänge zwischen der regulären abhängigen Erwerbsarbeit einerseits und den Tätigkeiten im informellen Sektor. So werden Geschäfte betrieben, die gelegentlich an der Schnittstelle der beruflichen Selbstständigkeit liegen. Es können Verkäufer auf Flohmärkten oder bei Ebay als Privatpersonen oder als Kleinunternehmer ein- und dieselbe Tätigkeit verrichten. Ferner gibt es bei diesen Fragen nach dem definitorischen Fokus von Selbstständigkeit das Problem der fließenden Grenze zur abhängigen Beschäftigung, etwa wenn betriebliche Tätigkeiten „outgesourct" werden und nun von Selbstständigen verrichtet werden, ohne dass diese „unternehmerische Freiheiten" hinzugewonnen haben. Diese Formen sogenannter Schein-Selbstständigkeiten sind in vielen Bereichen des Wirtschaftslebens zu finden, wo solche Selbstständigkeiten nicht mit Möglichkeiten zu unternehmerischen Dispositionen verbunden sind und sich häufig auf problematische Einkommenssituationen und Sozialwirklichkeiten stützen. Mit anderen Worten, berufliche Selbstständigkeit entzieht sich der Anforderung nach einer harten Definition, weil es fließende Grenzen und Übergänge gibt.

Während in der Theorie bezüglich der Begriffe zur Fassung beruflicher Selbstständigkeit eine Gemengelage zu konstatieren ist, erfolgt in der empirischen Forschung ein relativ pragmatischer Umgang mit den verschiedenen Begrifflichkeiten.

Die meisten empirischen Analysen operationalisieren das theoretische Konstrukt des Selbstständigen, Unternehmers, Entrepreneurs oder Mittelständlers in Bezug auf die verfügbaren Daten. So basieren viele Analysen auf amtlichen Statistiken und verwenden daher auch deren Begriffsfassungen. Nach der derzeit gültigen Definition des Statistischen Bundesamtes gelten Selbstständige beispielsweise als „… Personen, die einen Betrieb oder eine Arbeitsstätte gewerblicher oder landwirtschaftlicher Art wirtschaftlich und organisatorisch als Eigentümer/-innen oder Pächter/-innen leiten… sowie alle freiberuflich Tätigen, Hausgewerbe Treibenden und Zwischenmeister/-innen. …" (Statistisches Bundesamt 2015, S. 369). Diese Definition sagt allerdings über den Grad von wirtschaftlicher Macht und über die finanzielle und soziale Stellung der Akteure im Sozialsystem wenig aus und so finden sich hier privilegierte und deprivilegierte Positionen. Sie umklammert gleichermaßen die Eigentümer großer Kapitalien und Produktionsmittel und diejenigen, die lediglich ihre Arbeitskraft und ihr Wissen ohne weitere Beschäftigte am Markt verwerten und diesen Arbeitsprozess prinzipiell genauso als Beschäftigte in gehaltsabhängiger Position verüben könnten.

Ein alternativer empirischer Zugang wäre prinzipiell über die statistische Kategorie des Unternehmens möglich. Der Begriff Unternehmen wird allerdings häufig beschränkt verwendet und reduziert sich zumeist auf die schlichte Idee einer „Ein-Typ-Unternehmen-Wirtschaft", für die die Aktiengesellschaft mit – zumeist internationaler – Konzernaktivität steht. Demzufolge werden Unternehmen in der wirtschaftspolitischen Diskussion gedanklich häufig so moduliert, als ob alle Unternehmen samt und sonders Unternehmen vom Typus VW, Siemens oder BASF seien. Der Wirtschaftshistoriker David Landes formulierte das folgendermaßen: „Kein Versuch, das Wesen und die Methoden des Wirtschaftsunternehmens zu verstehen, kann seinem Anspruch gerecht werden, wenn er das Familienunternehmen ignoriert. Tatsächlich verstehen Kunden das offensichtlich besser als Ökonomen." (Landes 2006, S. 293, eigene Übersetzung).

Die Unternehmensstruktur ist realiter differenziert, und zwar mit Blick auf die Unternehmensgrößen und -tätigkeiten. So ist der Sektor des Handwerks beträchtlich, hinzu kommt eine wachsende Zahl von freiberuflichen Existenzen. Geschuldet ist diese Entwicklung vor allem dem immer größer werdenden Bereich des sogenannten Dienstleistungswesens, in dem mittlerweile bedeutende Teile volkswirtschaftlicher Aktivitäten stattfinden. Zwar gehören zum Dienstleistungsbereich auch Versicherungen und Banken, die in der Regel eher Großunternehmern sind, aber hier finden sich dann andererseits auch Änderungsschneidereien, Restaurants, Nachhilfeschulen oder Hotelpensionen sowie die freiberuflich Tätigen im Bereich der Kreativ- und Kulturwirtschaft.

Insgesamt zeigt sich eine fehlende Parallelität zwischen den statistischen Kategorien der beruflichen Selbstständigkeit und der der Unternehmen bzw. der KMUs: Die Kategorien können nicht umstandslos gleichgesetzt werden. Dennoch darf festgestellt werden, dass in dem Maße, in dem Formen „kleiner" Selbstständigkeit zunehmen, die entweder freiberuflich tätig sind oder die in Firmen ohne oder mit wenigen eigenen Arbeitskräften tätig sind, auch das Kontingent solcher Kleinstformen bzw. Mikrounternehmen sich vergrößert.

Berufliche Selbstständigkeit im Wandel 3

Im Gegensatz zum aus den Medien und der Wirtschaftspolitik vermittelten Bild der Dominanz von internationalen Konzernen ist die Unternehmensstruktur in vielerlei Hinsicht differenzierter, und zwar mit Blick sowohl auf die tatsächlichen Unternehmensgrößen als auch auf die Inhalte der Unternehmenstätigkeiten. Dabei stellen kleine und mittlere Unternehmen die überwältigende Majorität der Unternehmen in der Bundesrepublik Deutschland und in Europa dar. Sie wurden im Laufe der letzten zwanzig Jahre nicht nur als potentielle Multiplikatoren von Arbeitsplätzen, sondern auch als Leister von beruflicher Ausbildung und volkswirtschaftlichen Innovationen angesehen.

Es ist ein ständig wachsendes wirtschaftspolitisches Interesse an selbstständig Erwerbstätigen und kleinen und mittelgroßen Unternehmen entstanden und auch die Förderung der selbstständigen Erwerbsarbeit steht stärker im Mittelpunkt (Volkmann et al. 2009). In Zeiten, in denen das Thema einer hohen oder gar steigenden Arbeitslosigkeit ein immer dringlicheres Problem geworden war, wurden kleinere Wirtschaftseinheiten zunehmend zu wirtschafts- und arbeitsmarktpolitischen Hoffnungsträgern. Als Ausdruck dieser Vorstellungen wurden im Rahmen der Arbeitsmarktpolitik die gesetzlichen Rahmenbedingungen dereguliert und die Aufnahme selbstständiger Erwerbstätigkeit durch entsprechende Arbeitsmarktprogramme gefördert.

Es gibt verschiedene Konstellationen, die das Entstehen neuer Unternehmen begünstigen: An erster Stelle muss ein Umstand genannt werden, der in der Diskussion häufig zu kurz kommt, nämlich der allgemeine wirtschaftliche Strukturwandel. Der Trend zu den Dienstleistungen ist auch als Motor der Schaffung neuer KMUs und Unternehmensgründungen anzusehen. Während das Gefüge der Unternehmensgrößenstruktur in Deutschland in den letzten Jahrzehnten etwa konstant geblieben scheint, zeigt ein zweiter Blick, dass sich die Zahl der Unternehmen im verarbeitenden Gewerbe etwa halbiert hat, während sie sich im sogenannten

© Springer Fachmedien Wiesbaden 2016

D. Bögenhold, U. Fachinger, *Berufliche Selbstständigkeit,* essentials,

DOI 10.1007/978-3-658-13283-5_3

Dienstleistungssektor deutlich mehr als verdoppelt hat. Der Trend zu Dienstleistungen schafft nicht nur neue Märkte, Berufe, Ausbildungsgänge, sondern auch neue Unternehmen (Bögenhold und Fachinger 2007), insbesondere Gründungen von Frauen (Bögenhold und Fachinger 2015).

Aber dieser Trend befördert auch gleichzeitig eine Expansion von freien Berufen im klassischen Bereich[1] sowie im Bereich freiberuflicher Dienstleister (Johal, Anastasi 2015, Shevchuk, Strebkov 2015, Burke 2015, Kitching, Smallbone 2012). Diese Entwicklungen sind sehr differenziert zu beurteilen und verbergen eine Reihe von Einzeltendenzen, die vor allem auch viele prekäre und problematische Berufsbiographien und Soziallagen beinhalten. Diese Veränderungen sind einmal Ausdruck säkularer Verschiebungen in Richtung einer fortschreitenden Dienstleistungsgesellschaft, die zunächst bei Emil Lederer (1912) in seinen Reflektionen über die zunehmende Rolle der Angestelltenarbeit und – neben einer Reihe weiter wichtiger Autoren – bei Daniel Bell (1973) mit seiner Ausdifferenzierung der vier Wirtschaftssektoren Beachtung fanden, und sie sind andererseits Ausdruck des grundsätzlichen wirtschaftlichen Wandels mit seiner stets neuen Balance zwischen „Altem" und „Neuem", wie Schumpeter das in seiner berühmten Formulierung von der „creative destruction" ausdrückte: „… Der Kapitalismus ist also von Natur aus eine Form oder Methode der ökonomischen Veränderung und ist nicht nur nie stationär, sondern kann es auch nicht sein. … Der fundamentale Antrieb, der die kapitalistische Maschine in Bewegung setzt und hält, kommt von den neuen Konsumgütern, den neuen Produktions- oder Transportmethoden, den neuen Märkten, den neuen Formen der industriellen Organisation, welche die kapitalistische Unternehmung schafft …" (Schumpeter 2000, S. 82 f., zitiert nach Übersetzung in deutscher Ausgabe).

Ähnlich und fast zeitgleich wie Joseph A. Schumpeter seine Ideen über die Dynamik wirtschaftlichen Wandels im Sturm der „kreativen Zerstörung" formuliert hatte, war es Fritz Marbach, der sich in seiner Arbeit über die „Theorie des Mittelstandes" (1942) Gedanken über den steten Fluss innerhalb der Kategorie von Klein- und Mittelunternehmen und des selbstständigen Unternehmertums gemacht

---

[1] Hierunter werden die verkammerten Freien Berufe wie selbstständige Ärzte, Steuerberater, Rechtsanwälte, Architekten oder Apotheker gefaßt, die häufig als „kleine" Arbeitgeber fungieren. Eine Differenz zwischen Unternehmerinnen bzw. Unternehmern und Freiberuflern besteht in der Sache häufig nicht: Freiberuflich Erwerbstätige agieren oft wie Unternehmerinnen bzw. Unternehmer und sind meistens auch dazu gezwungen, sich genau so zu verhalten. Die sprachliche Unterscheidung liegt im Steuerrecht begründet und hat historische Wurzeln. Eine Beibehaltung ist immer mehr anachronistisch. Freiberuflich erwerbstätig ist, wer Einkommenssteuer bezahlt; Unternehmerinnen bzw. Unternehmer ist, wer Gewerbesteuer bezahlt. Traditionell wurde Freiberuflern eine Gewinnabsicht abgesprochen und eine besondere ethische Fundierung ihres Wirtschaftsagierens zuerkannt, was heute in beiden Richtungen als exklusives Unterscheidungskriterium nicht mehr ausreicht.

hatte. Ähnlich wie Schumpeter wandte Marbach sich gegen die Vorstellung, dass wirtschaftlicher Wandel nur mit Bedrohungen und Verdrängung verbunden sei. Vielmehr sah er im Prozess der wirtschaftlichen Entwicklung auch stete Chancen: „… Die Pessimisten haben nicht nur die kapitalistischen Auswirkungen auf das bestehende Handwerk und Gewerbe allgemein (in den Einzelfällen waren sie ja wirklich oft katastrophal) überschätzt, sie haben auch nicht beachtet, dass der mit dem Erfindungsgeist eng verwachsene Kapitalismus eine Brutstätte für neue handwerkliche bzw. gewerbliche Betätigung ist. Selbst der *Am-laufenden-Band-Kapitalismus'* hat dem Mittelstand nicht nur geschadet. Zufolge der neuen Erfindungen, der kulturellen Ansprüche, die der Kapitalismus weckte, … sind immer wieder neue Arbeitsgebiete für selbständig Erwerbende erschlossen worden …" (Marbach 1942, S. 264). Das stellt dann auch den Schlüssel bereit, das Unternehmertum als eine berufliche Kategorie zu sehen, die sich in der Statistik auf Basis bestimmter Minimaldefinitionen ergeben hat, die aber in der Praxis sehr heterogen gestaltet ist.

Wer von *der* beruflichen Selbstständigkeit spricht, generalisiert stillschweigend eine bestimmte Erscheinungsform und vernachlässigt die Thematisierung und Problematisierung der sozialen Heterogenitäten. Zwischenzeitlich ist jedoch das Bewusstsein dafür gestiegen, dass innerhalb der Selbstständigen enorme Differenzierungslinien zu beobachten sind und wir auch hier im Rahmen des gesellschaftlichen und wirtschaftlichen Wandels „Gewinner" und „Verlierer" finden können. So argumentiert Gartner (1985, S. 696) sogar, dass die Intravariabilität, d. h. die Unterschiede zwischen Unternehmerinnen sowie Unternehmern und deren Unternehmen, größer sein kann als die Intervariabilität, nämlich die Unterschiede zwischen Unternehmerinnen bzw. Unternehmern und „Nicht- Unternehmerinnen bzw. Unternehmer" und unternehmerischen und „nicht-unternehmerischen" Firmen. Diese Spreizung mag es historisch gesehen schon immer gegeben haben, aber sie tritt erst neuerlich wieder stärker in das akademische Bewusstsein. In mehrfacher Hinsicht finden sich hier zunehmend variierende und differenzierte Formen an Sozial- und Berufsexistenzen.

Hinter dieser generellen Entwicklung verbergen sich gravierende strukturelle Änderungen. Eine Differenzierung verdeutlicht, dass dieser zu konstatierende Anstieg der Selbstständigkeit überwiegend von dem Anstieg von Mikro- bzw. Solo-Selbstständigkeit (Ein-Mann- bzw. Eine-Frau-Firmen) getragen wird (u. a. Leicht 2000, Bögenhold und Fachinger 2011, 2010). Diese Ausdifferenzierung geht einher mit einer Ausprägung der Ungleichzeitigkeit von Lebenslagen auch bei „klassischen" Selbstständigengruppen. Mit Blick auf das Verhältnis von Frauen und Männern innerhalb der Kategorie der Selbstständigkeit sehen wir einerseits relative Konvergenzen zwischen den entsprechenden Quoten der Selbstständigkeit, aber auch die Markierung von geschlechtsspezifischen Schwerpunkten (Bögenhold und Fachinger 2015).

Ein weiterer wesentlicher Aspekt struktureller Änderungen ist mit dem Begriff der demographischen Entwicklung verbunden. Die Zunahme der Lebenserwartung in entwickelten Volkswirtschaften und die Formung einer Gesellschaft des langen Lebens erscheinen als historisch neuer Kontext für viele Fragen mit Blick auf berufliche Selbstständigkeit. Es wird prinzipiell davon ausgegangen, dass eine Zunahme selbstständig Erwerbstätiger in fortgeschrittenem Alter erfolgt. So verlängert sich die Lebensphase, über die eine selbstständige Erwerbstätigkeit ausgeübt werden kann, aber auch der Planungshorizont für Neugründer in der dritten Lebensphase. Damit mag auch im fortgerückten Alter die Aufnahme einer selbstständigen Tätigkeit aus individueller Sicht als „lohnend" erscheinen. Die „Post-Sequenzen" des Lebensverlaufes, die sich mittlerweile über einen Zeitraum von zwanzig bis dreißig Jahren erstrecken, können mit neuem Sinn ausgeschmückt werden. In diesem Zusammenhang werden neue Firmen nicht nur aus ökonomischer Notwendigkeit gegründet, sondern auch, um sie als Innovation biographischer Identifikationen und der Lebensverwirklichung und -interpretation zu sehen und um ein bilanziertes Leben zu installieren. Demgemäß wird in der Literatur auf die zunehmende Bedeutung älterer Selbstständiger aus individueller und gesamtgesellschaftlicher Sicht verwiesen (Weber und Schaper 2004; Halabisky 2013)

Berufliche Wege und entsprechende soziale Mobilität erscheinen heute „kurvenreicher" und komplexer. Neue Formen an sozialen „Grenzverkehren" gehen vor allem mit den insgesamt gestiegenen Dynamiken des sozioökonomischen Wandels einher. Wenn wir die Struktur beruflicher Selbstständigkeit in einen Erklärungszusammenhang mit Entwicklungen der Sozialstruktur und des Arbeitsmarktes bringen, wird methodisch das expliziert, was als *interdisziplinäre* Entrepreneurshipforschung (Bögenhold, Fink, Kraus 2014) postuliert wird.

Vielschichtigkeit beruflicher Selbstständigkeit

4

Die nachfolgenden Darstellungen verdeutlichen, dass prinzipiell der Status quo von Selbstständigen von einer hohen Heterogenität geprägt ist, die eine pauschalisierende Behandlung von vornherein verbietet und vor deren Hintergrund allgemeine Aussagen zu den Selbstständigen ohne Gehalt sind. Zu dieser Heterogenität gehört auch eine regional unterschiedlich starke Konzentration von beruflicher Selbstständigkeit. Unterschiedliche Regionen und vor allem auch Gebiete mit unterschiedlicher Ballungsdichte weisen verschiedene wirtschaftssektorale Profile auf, die berufliche Selbstständigkeit in unterschiedlichem Ausmaß prädestinieren.

Abbildung 4.1 zeigt in relativen Zahlen die Entwicklung der beruflichen Selbstständigkeit inklusive und exklusive der mithelfenden Familienangehörigen in Deutschland im Zeitraum von 1959 bis 2014[1]. Bei beiden Kurven ist der Rückgang deutlich sichtbar, wenn auch unterschiedlich stark ausgeprägt. Besonders durch den Strukturwandel in der Landwirtschaft und die damit verbundene Reduzierung der landwirtschaftlichen Betriebe ist der Rückgang in der Erwerbskategorie der mithelfenden Familienangehörigen besonders stark vorangeschritten. Das Tal der beiden Kurven liegt in einem Zeitraum der späten 1980er Jahre mit einer Konsolidierungsphase bis maximal der Mitte der 1990er Jahre, während danach die Selbstständigenquote(n) wieder anzusteigen beginnen.

Der angesprochene Trend in Richtung Dienstleistungsökonomie ist hierbei sicherlich als ein Motor zu sehen, aber hinter dieser Begrifflichkeit verbergen sich wiederum diverse Einzeltendenzen. Schließlich erhöht sich mit der Diffusion neuer Kommunikations- und Informationstechniken das Spektrum neuer Produkte, aber auch neuer Unternehmen, und zwar vor allem auch vieler Kleinunternehmen

---

[1] Die Daten basieren auf dem Mikrozensus, einer repräsentativen 1 % Stichprobe aller in Deutschland lebenden, volljährigen Personen, die jährlich u. a. mit dem Ziel einer umfassenden Erfassung des Stands und der Entwicklung der Erwerbstätigkeit erhoben wird.

© Springer Fachmedien Wiesbaden 2016
D. Bögenhold, U. Fachinger, *Berufliche Selbstständigkeit*, essentials,
DOI 10.1007/978-3-658-13283-5_4

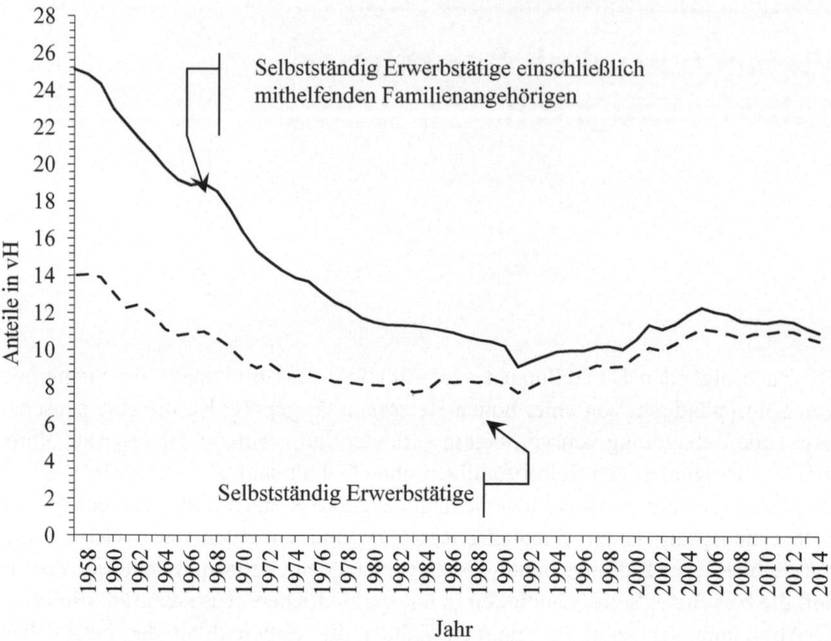

Abb. 4.1 Entwicklung der beruflichen Selbstständigkeit in Deutschland, 1957 bis 2014. (Quelle: Eigene Darstellung auf Basis von Statistisches Bundesamt (v. J))

in den Bereichen Software und EDV-Dienstleistungen. Das Internet und Telearbeit lassen neue Unternehmen in noch unbekanntem Ausmaß entstehen. Als ein Vorreiter dieser Entwicklung wird der Bereich der Kultur- und Kreativwirtschaft gesehen, für den sich ein erhebliches Wachstumspotential abzeichnet. Demographischer Wandel, Freizeitgesellschaft und zunehmende Individualisierung produzieren darüber hinaus neue soziale Bedürfnisse und Bedarflagen, die zur Grundlage von wirtschaftlich selbstständigen Existenzen und neuen Unternehmen werden. Soziale Dienste, Altersbetreuung, pflegerische und medizinische Versorgungsleistungen sowie Beratungsbedarfe in diversen Know-How-Feldern werden an Bedeutung gewinnen (u. a. European Commission 2015). Einige Visionäre sehen die Gesundheitsindustrie in Verbindung mit assistierenden Technologien und Ambient Assisted Living-Systemen als Hoffnungsträger der wirtschaftlichen Entwicklung aufgrund der alternden Gesellschaft (z. B. Fachinger et al. 2014). Dem Gesundheitsmarkt wird dabei ein erhebliches Wachstumspotential attestiert und neue Produkte, Dienstleistungen und auch Organisationsformen werden im Sinne Schumpeters als „new sources of opportunities" betrachtet (Fachinger und Henke 2010).

Ebenso ist eine hohe oder steigende Arbeitslosigkeit als ein Push-Faktor in Richtung beruflicher Selbstständigkeit anzusehen, weil Menschen, wenn sie keine abhängige Beschäftigung finden, zur Sicherung der materiellen Existenz und Erzielung von Einkommen zwangsläufig beginnen, über eine Erwerbsalternative in Form einer beruflichen Selbstständigkeit nachzudenken.[2] Insofern findet ein steigender Druck am Arbeitsmarkt eine Art Ventil in Richtung der beruflichen Selbstständigkeit, was als Befund auch international vergleichend als ein durchgängiger und prinzipieller Effekt konstatiert werden konnte (Bögenhold, Staber 1991; Acs et al. 1992; Buchmann et al. 2009). Die Gründungsrate ist stets eine Mischung von „erzwungenen" und „gewollten" Gründungen, in anderen Worten, eine Mischung aus „Necessities" und „Opportunities".

In diesem Zusammenhang ist die Frage von großem Interesse, um welche Art von beruflicher Selbstständigkeit es sich handelt (Arum und Müller 2004; Bögenhold 2004; Luber 2003). Ist der deutliche Anstieg beruflicher Selbstständigkeit, den wir seit mehr als fünfzehn Jahren in Deutschland antreffen, Ausdruck von erfolgreichen Bemühungen, mehr Entrepreneurship zu implantieren und – was stets im Hintergrund dieser Überlegungen handlungsleitend ist – damit letztlich auch für einen wirtschaftlichen Wachstumsschub durch Multiplikatoreffekte zu sorgen?

Seit etwa 1994 ist die Zahl der Selbstständigen, die abhängig Beschäftigte in ihren wirtschaftlichen Unternehmungen haben, konstant geblieben, während sich die Zahl der Solo-Selbstständigen seit Anfang der 1990er Jahre kontinuierlich erhöht und letztlich verdoppelt hat. Eine solche deutliche Zunahme in Anzahl und Quote bei der beruflichen Selbstständigkeit muss Großteils auf das Konto der Solo-Selbstständigkeit verbucht werden. Demnach arbeitet die Mehrheit der Selbstständigen als Solo-Selbstständige in sogenannten Ein-Mann- bzw. Eine-Frau-Firmen. Pauschal lässt dies den Schluss zu, dass der deutliche Anstieg von Solo-Selbstständigkeit der Motor der steigenden Selbstständigkeit in den letzten Jahren zu sein scheint.

Neben den Verlierern des Arbeitsmarkts, deren Platz im Gefüge abhängiger Beschäftigung ungesichert ist, treten auch zunehmend hoch qualifizierte Personen auf, die angesichts der steigenden Bedeutung von Wissen neue und höchst autonome Formen unternehmerischer Aktivitäten entwickeln. Ein weiterer Aspekt der Ausweitung beruflicher Selbstständigkeit ist der enorm starke Anstieg der (klassischen) Freien Berufe, die überproportional stark zugenommen haben. Die Entwicklung bei den Freien Berufen spiegelt zweifelsohne den Dienstleistungstrend

---

[2] Dass Gründungen aus einer Karriere von Arbeitslosigkeit nicht zwangsläufig mit ökonomischer Chancenlosigkeit einhergehen, zeigten bereits Hinz und Jungbauer-Gans 2009.

wider. Mit anderen Worten fungieren auch die Freien Berufe als Motor der Expansion beruflicher Selbstständigkeit in Deutschland, wobei zu beachten ist, dass diese in sich selber auch ein wichtiger Akteur in diesem Prozess sind.

Diese Zunahme der (selbstständigen) Freien Berufe koinzidiert mit der bereits thematisierten Entwicklung in Richtung der Dienstleistungen. Sie ist sowohl Ausdruck wie Träger dieser Tertiarisierung. Die Untersuchung der Freien Berufe und anderer freiberuflich Tätiger zeigt nicht nur deren Expansion innerhalb des beobachten Zeitraum, sondern auch das Vordringen von Frauen bei den freiberuflich Erwerbstätigen. Dies ist nicht weiter erstaunlich, weist Dienstleistungsarbeit doch einen höheren Anteil weiblicher Beschäftigung aus als die anderen Wirtschaftssektoren.

Wer also pauschal von der Selbstständigkeit spricht, sollte sich vergewissern, dass Selbstständigkeit zwar mit Blick auf die Definition des beruflichen Einordnungskriteriums universell ist, dass sich aber dahinter gänzlich verschiedene Arbeits- und Sozialexistenzen verbergen. So zeigt demzufolge auch die Einkommenssituation bei den Selbstständigenhaushalten eine bedeutende Spreizung der monatlichen Haushaltsnettoeinkommen in Abb. 4.2.

Die Verteilung der Einkommen deckt überdurchschnittlich gute Einkommensbereiche wie auch Zonen der untersten Einkommensbereiche ab. Eine prekäre Einkommenssituation liegt insbesondere bei den Solo-Selbstständigen vor. Im Jahr 2011 verfügten etwa 15 vH über ein monatliches Nettoeinkommen von bis zu 1300 € und weitere 25 vH von 1300 € bis 2300 €. Demgegenüber erzielen knapp über 49 vH der Haushalte von Selbstständigen mit Beschäftigten ein Haushaltsnettoeinkommen von über 4000 € und von rd. 24 vH ein Haushaltsnettoeinkommen von über 6000 € monatlich. Zur besseren Beurteilung dieser Einkommensverteilung sei auf das durchschnittliche Haushaltsnettoeinkommen aller Haushalte verwiesen, das im Jahr 2011 bei 2988 € lag (Statistisches Bundesamt 2015, S. 168).

In diesem Zusammenhang ist auch auf die beträchtliche Streuung der Arbeitszeitbelastungen hinzuweisen, die mit der jeweiligen beruflichen Selbstständigkeit verbunden sind, und zwar von geringem Arbeitsaufwand bis hin zu gesellschaftlich überdurchschnittlichen Arbeitszeiten. Noch deutlicher ist der Befund, wenn die Daten nach männlicher und weiblicher Selbstständigkeit unterschieden werden. Bei Frauen ist der Anteil derjenigen, die weniger als 40 Wochenstunden in beruflicher Selbstständigkeit tätig sind, erheblich ausgeprägter als bei Männern (Petermann und Piorkowsky 2013). Unterschiedliche Arbeitszeiten können unterschiedliche Ursachen haben, so beispielsweise schlechte Geschäftslagen aufgrund unzureichender Aufträge oder bewusste Entscheidungen für Formen reduzierter beruflicher Selbstständigkeit in Formen von Teilzeitunternehmertum. Um das Phänomen letztlich adäquat zu beurteilen, muss vor allem auch der Haushaltskontext der Akteure in die Analyse einbezogen werden (Piorkowsky 2011). Deswegen gilt

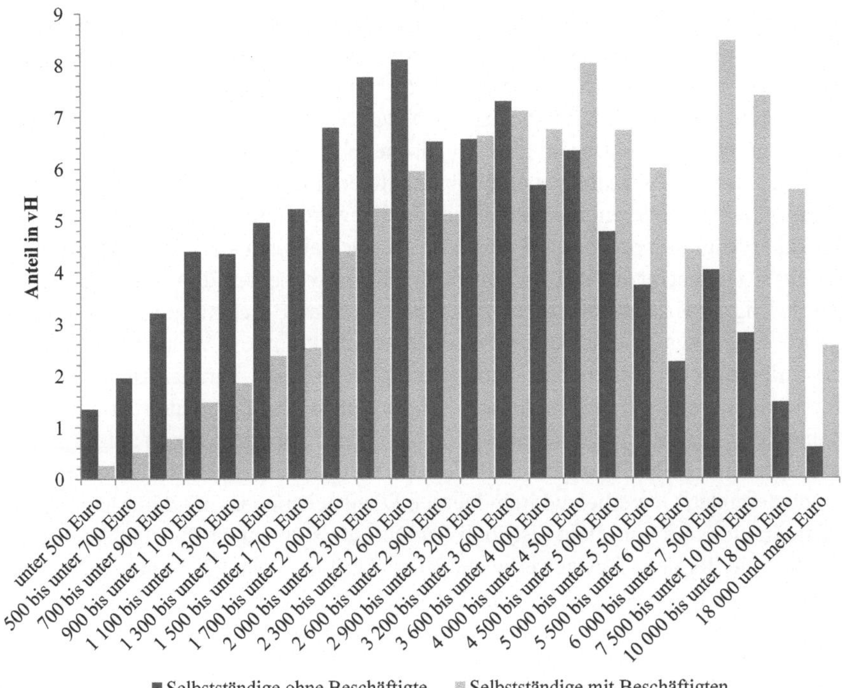

Abb. 4.2 Haushaltsnettoeinkommen von selbstständig Erwerbstätigen gemäß Selbsteinschätzung, Deutschland 2011. (Quelle: Eigene Berechnungen und Darstellung auf Basis der Scientific Use Files der Mikrozensen des Statistischen Bundesamtes)

es festzuhalten, dass Selbstständigkeit zwar mit Blick auf die Definition des beruflichen Einordnungskriteriums universell ist, dass sich aber dahinter gänzlich verschiedene Arbeits- und Sozialexistenzen verbergen, die zu Fragen von Teilzeitarbeit, Nebenerwerbstätigkeiten und Hybriditäten aller Art gehören (Bögenhold und Klinglmair 2016).

Zu Mustern von Heterogenität gehört zweifelsohne auch der Aspekt von regionaler Differenziertheit. So zeigen sich in Deutschland in der Präsenz von beruflichen Selbstständigkeitsquoten regionale Disparitäten, die sich keineswegs nur durch die jeweilige Dominanz des primären, sekundären oder tertiären Sektors erklären lassen. Die regionalspezifischen Selbstständigenquoten sind ein Spiegelbild diverser Einflussfaktoren und dokumentieren in ganz unterschiedlicher Art Geschichte, sektorale Ausrichtungen und relative Stärken oder Schwächen von regionalen Volkswirtschaften (Fritsch und Wyrwich 2014, Bögenhold und Fachinger 2012).

Last but not least ist hier auch das Phänomen migrantischen Unternehmertums zu erwähnen, d. h. Formen beruflicher Selbstständigkeit von Menschen, die *in persona* oder deren Eltern oder Großeltern zugewandert sind. Neue Forschungen zeigen, dass Selbstständigkeiten von Menschen mit solchen familiären Migrationskontexten keineswegs als eine Art Nischenphänomen wahrgenommen werden dürfen, sondern – vor allem auch in quantitativer Hinsicht – in deutschsprachigen Gesellschaften einen enorm gestiegenen Stellenwert einnehmen. Die Zahl selbstständiger Migrantinnen und Migranten in Deutschland hat sich seit 1991 fast verdreifacht (Leicht et al. 2015). Soweit die Sozialwissenschaft hierauf reagierte, wurde Migrantenselbstständigkeit zumeist als prekäre Beschäftigungsform thematisiert. Allerdings ist eine solche Perspektive unterkomplex. Vielmehr zeigt auch das migrantische Unternehmertum auffällig heterogene Binnenstrukturen. Die Branchenorientierung selbstständiger Migrantinnen und Migranten ist erheblich breiter angelegt und moderner als vielfach vermutet: Betrachtet man zunächst alle migrantischen Selbstständigen, sind diese zwar etwas seltener als Einheimische im produzierenden Gewerbe und in modernen Dienstleistungen und dafür häufiger in traditionellen und vor allem distributiven Dienstleistungen zu finden. „Allerdings machen die Bereiche Gastgewerbe und Handel mit insgesamt 31 % nur noch weniger als ein Drittel aus" (Leicht et al. 2015, S. 237).

Selbstständigkeit: Zunahme von Solo-Selbstständigkeit und Frauen

5

Letztendlich zeigt sich, dass das Wachstum beruflicher Selbstständigkeit vor allem von einem Anstieg der Selbstständigkeiten getragen wird, die als Solo-Selbstständigkeiten keine weiteren Arbeitskräfte in ihren Unternehmungen beschäftigen. Dieser Trend überlagert sich mit einer deutlichen Zunahme von *weiblicher* Selbstständigkeit. In der allgemeinen Diskussion über geschlechtsspezifische Ungleichheiten finden sich verschiedene Erklärungsmuster, welche Faktoren hier wirksam sind, und verschiedene Antworten, ob wir eine rückläufige Signifikanz von Geschlecht in der Markierung von Ungleichheit finden. Unternehmen in der Hand von Frauen sind eine der am stärksten wachsenden „entrepreneurial populations" in einer Welt der Wachstumsraten (Brush et al. 2009). Der Diskurs über die Umstände der beruflichen Selbstständigkeit muss mit der Diskussion über Veränderungen der Berufsstruktur, der Arbeitsmärkte und der gesetzlichen Rahmenbedingungen verbunden werden, da diese die wesentlichen Kontextfaktoren darstellen (Welter 2011). Der allgemeinere Trend einer wachsenden Wissens- und Dienstleistungsgesellschaft gehört zu solchen Kontextfaktoren par excellence. Allgemeine Trends von wachsender Wissensgesellschaft und zunehmender Akademisierung und einem permanenten Vordringen von Frauenerwerbsarbeit auch in den Feldern, in denen Frauen eher unterrepräsentiert schienen, konvergieren mit dem Phänomen der Expansion von Solo-Selbstständigkeit (Bögenhold, Fachinger 2016).

Abbildung 5.1 zeigt den beachtlichen Anteil von Solo-Selbstständigkeit im Durchschnitt der EU (EU-28) und für einzelne ausgewählte Länder. Wir sehen, dass im Jahre 2014 mehr als 71 % aller Selbstständigen in der EU als Solo-Selbstständige tätig sind. Überdurchschnittlich hoch ist hier die weibliche Selbstständigkeit. In allen Ländern liegt die weibliche Solo-Selbstständigkeit deutlich über der männlichen (siehe auch Sternberg et al. 2015).

Differenzieren wir nach einzelnen Ländern, dann ergibt sich, dass Deutschland diesbezüglich noch vergleichsweise niedrige Quoten aufweist, da hier nur gut 55 %

© Springer Fachmedien Wiesbaden 2016
D. Bögenhold, U. Fachinger, *Berufliche Selbstständigkeit*, essentials,
DOI 10.1007/978-3-658-13283-5_5

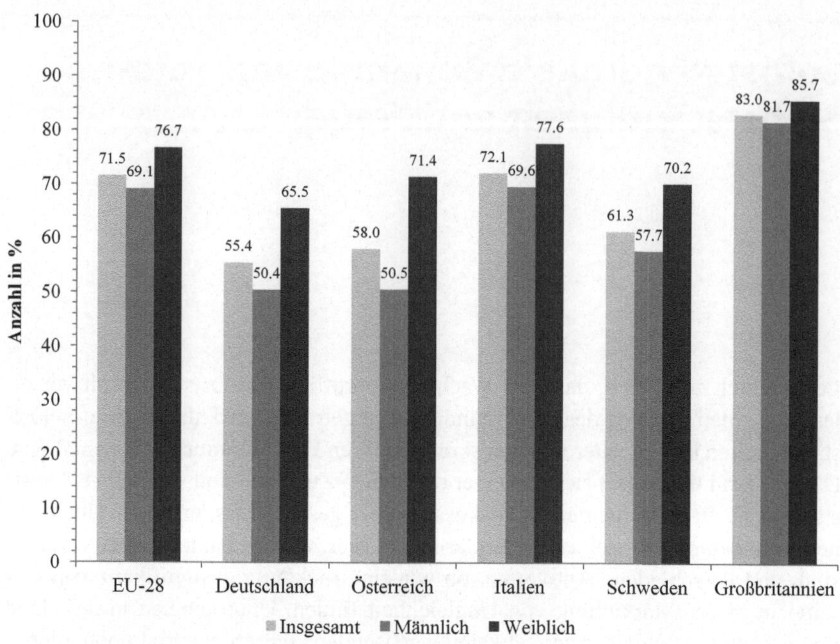

Abb. 5.1 Raten an Solo-Selbstständigkeit nach Geschlecht im EU-Vergleich, 2014 (in %). (Quelle: Bögenhold, Klinglmair 2015 a, Berechnungen nach Eurostat)

aller Selbstständigen als Ein-Mann- bzw. Eine-Frau-Firmen tätig sind. Die Situation in Großbritannien ist entgegengesetzt: Hier arbeiten 83 % aller Selbstständigen als Solo-Selbstständige und fast 86 % aller weiblichen Selbstständigen sind als Solo-Selbstständige tätig. Mit anderen Worten ist berufliche Selbstständigkeit in Ländern wie Großbritannien fast ausschließlich in der Form von Solo-Selbstständigkeit anzutreffen, die sehr häufig praktisch nichts Anderes als Arbeitskraftunternehmer sind (Pongratz und Voß 2003).

Wird die Zunahme der Selbstständigkeit großteils von einem Anstieg der Mikrofirmen getragen und wird die Solo-Selbstständigkeit deutlich auch von Frauen getragen, fragt sich nach der Struktur der Selbstständigkeit von Frauen. Diese wird nicht nur von der Notwendigkeit geprägt, am Arbeitsmarkt teilzunehmen, sondern auch von neuen innovativen Arten der Arbeitsmarktintegration. Sie legt auch neue Möglichkeiten und Marktentwicklungen offen, die in großen Teilen auf die Entwicklung im Dienstleistungs- und Gesundheitssektor zurückzuführen sind. Differenzieren wir weiterhin nach Voll- und Teilzeitarbeit, dann ergibt sich, dass die weiblichen Selbstständigkeiten sehr viel häufiger von Teilzeitarbeitsmustern geprägt sind als solche von Männern. Weitergehende diesbezügliche Forschungen über weibliche Solo-Selbstständigkeit verweisen auf die Rationalität, zusätzliches Einkommen zur finanziellen Ausstattung eines Haushalts zu generieren (Bögenhold und Fachinger 2013, 2015). Durch den Perspektivenwechsel auf die Haushaltsebene entstehen neue Erklärungspotentiale, die gelegentlich übersehen werden.

Einer der beständigen Befunde in Studien über die Erwerbstätigkeit von Frauen ist der negative Effekt, den die Familienfürsorge, insbesondere das Vorhandensein junger Kinder oder pflegebedürftiger Personen im Haushalt, auf die Wahrscheinlichkeit der Teilnahme hat. So stellt sich die Frage, ob Selbstständigkeit als eine Strategie von Frauen angesehen werden kann, Berufs- und Privatleben zu vereinbaren. Insbesondere eine Solo-Selbstständigkeit könnte neue Handlungsoptionen eröffnen und Frauen die Möglichkeit bieten, ihre geschlechtsspezifischen Stärken zu nutzen, um die genannten Einschränkungen zu überwinden. Solo-Selbstständigkeit könnte somit die mehr oder weniger erfolgreiche Strategie für Frauen reflektieren, mit den Konflikten umzugehen, die aus der Schwierigkeit der Vereinbarkeit von Familie und Beruf bei einer abhängigen Beschäftigung resultieren. Sofern eine selbstständige Erwerbstätigkeit mit einer höheren Zeitsouveränität einhergeht und Frauen nicht-monetäre Aspekte höher bewerten als Männer (Heller Clain 2000), könnte dies zu einer geschlechtsspezifischen Selektion führen, bei der Frauen Einkünfte aus einer abhängigen Beschäftigung gegen familienfreundliche Aspekte der Selbstständigkeit tauschen. Derartige Präferenzen, die u. a. in geschlechtsspezifischem Sozialkapital ihren Ausdruck finden, können sich zudem auch in der Ausübung einer je spezifischen Tätigkeit widerspiegeln, wie sie u. a. im Dienstleistungs- und Gesundheitssektor zu finden sind.

Die Diskussion über die Erwerbstätigkeit von Frauen weist weiterhin auf die Relevanz einer lebenslaufbezogenen Betrachtung hin. Lebensverläufe können als anhaltende Geschichten von der Geburt bis zum Tod interpretiert werden, die verschiedene Übergänge und Bewegungsbahnen beinhalten, die sich auch auf das Unternehmertum auswirken und einen grundlegenden Sinn zu den Rationalitäten des Unternehmertums innerhalb wirtschaftlicher und sozialer Entwicklungen liefern. Während eines Lebensverlaufs kann Unternehmertum eine Einkommensquelle unter anderen sein, während sich dessen Rolle im Einkommensportfolio ändern könnte. Folglich macht es Sinn, Unternehmertum in einem größeren Kontext von Beschäftigung, Karriere, Lebensverlauf und persönlichem Wohlergehen zu verstehen. Daher ist die *biographische* Perspektive, Lebensläufe als Leben von Kohorten im Übergang zu sehen, eine weitere Dimension, in der Intentionen und Entscheidungen diskutiert werden können (Mayer 2009; Kohli 2007). Nicht zuletzt gilt das auch für Phänomene von hybrider Selbstständigkeit (Bögenhold und Klinglmair 2016), bei denen wir in persona Oszillationen verschiedener Status- und Arbeitsmarktklassifikationsformen finden.

Die Turbulenzen innerhalb existierender Organisationen – das Bedürfnis zu verkleinern, zu rationalisieren, organisationale Hierarchien zu verflachen, auszulagern und dadurch die Organisation für die Zukunft zu formen – haben das Konzept einer Karriere aus der Perspektive des Individuums verändert. Einerseits werden aus einer positiven Sicht dadurch Möglichkeiten für eine neue „grenzenlose Karriere" oder „Portfolio-Karriere" eröffnet, wo individuelle Fähigkeiten und persönlichen Reputation als Schlüsselressourcen für die Karriere gelten. Gefördert werden diese individuellen Ressourcen durch (un-)regelmäßige Firmenwechsel und Ein- und Austritte im Bereich der beruflichen Selbstständigkeit sowie durch die Parallelität von Jobmöglichkeiten, die über eine einzige Beschäftigung hinausreichen. Andererseits ist als Kehrseite der derzeitigen Entwicklung auf Arbeitsmärkten und innerhalb von Gesellschaften darauf hinzuweisen, dass Beschäftigungsbeziehungen vermehrt in Bewegung sind, Arbeitsverträge werden unsicher und Arbeit ist häufig auch mit Formen an Prekarität verbunden (Kalleberg 2009).

Aber nicht alle Solo-Selbstständigen sind a priori als prekäre Existenzen anzusehen, und umgekehrt, nicht allen Selbstständigen darf automatisch unterstellt werden, dass sie prinzipiell auf (Unternehmens-)Wachstum trachten (Hytti 2005). Ihr Beitrag zum Arbeitsplatzwachstum reduziert sich häufig nur auf die Schaffung des eigenen Jobs. Die Aufteilung in solchermassen Gewinner einerseits und Verlierer andererseits erweist sich bei Licht besehen als unterkomplex. Stattdessen zeigt eine realistischere Betrachtung, dass es unter der Flagge von beruflicher Selbstständigkeit diverse Akteure gibt, die gemeinhin nicht als typische Unternehmer (im landläufigen Alltagsdiskurs) angesehen werden können.

Die *Biographisierung* von Soziallagen versucht, eher Prozesse analytisch einzufangen und nicht Momentaufnahmen zu tätigen. Bezogen auf berufliche Selbstständigkeit bedeutet das, Tätigkeiten in einer beruflichen Selbstständigkeit als biographische Episoden im Sinne von Karriere*phasen* einer Person aufzufassen, um auch die Sequenzen des unternehmerischen Entscheidungsprozesses innerhalb der individuellen Arbeitsbiographie eines Individuums besser kontextualisieren zu können. Statt solcher simplen Schwarz-Weiß-Schemata sollte die Forschung stärker versuchen, Licht auf die „Zwischenräume" zu werfen. Dasselbe gilt für die Dichotomie von Gewinnern und Verlierern, denn Karrieren erscheinen häufig als Pakete von relativen Vor- und Nachteilen. So lassen sich bei den Entscheidungsprozessen auch Faktoren einbeziehen, die auf die Organisation des Familienlebens und des Wohlbefindens oder schlicht auf das Motiv, „weiterhin erwerbstätig sein können", abzielen, während andere Kriterien wie Einkommen diesbezüglich an Bedeutung verlieren mögen (siehe Bögenhold, Heinonen, Akola 2014, für verschiedene Gruppierungen von Freiberuflern). Diese verschiedenen Rationalitätskalküle müssen in Rechnung gestellt werden, um zu verstehen, dass die Lebenswelt und

Motivation in alltäglichen Abläufen des Wirtschaftslebens sich von Lehrbuchformeln unterscheiden kann.

Änderungen in Karriereabläufen implizieren das Entstehen neuer Karriereprofile und inhärenter Kompositionen an Arbeitsprofilen, in denen Individuen Fähigkeiten und Schlüsselressourcen durch häufige Wechsel zwischen Firmen und Ein- und Austritte bei der Selbstständigkeit und anderen Berufstätigkeiten akkumulieren, die das schlichte Bild von Berufstätigkeit als eines biographisch konstanten Attributes deutlich erweitern.

Nicht alle Selbstständigen trachten nach Wachstum und auf die Herstellung von Wohlstand. Ihr Beitrag zum Arbeitsplatzwachstum reduziert sich häufig nur auf die Schaffung des eigenen Jobs. Die Aufteilung in Gewinner einerseits und Verlierer andererseits erweist sich bei Licht besehen als unterkomplex. Stattdessen zeigt eine realistischere Betrachtung, dass es unter der Flagge von Entrepreneurship diverse Akteure gibt, die gemeinhin nicht als typische Unternehmer (im landläufigen Alltagsdiskurs) angesehen werden können, obwohl sie dennoch im realen Wirtschaftsleben existieren.

Problemlagen der sozialen Heterogenität 6

Die Perzeption wirtschaftliche Abläufe weniger statisch und eher als „im Fluss" begriffen zu interpretieren, stellt den Schlüssel bereit, das Unternehmertum als eine berufliche Kategorie zu sehen, die sich in der Statistik auf Basis bestimmter Minimaldefinitionen ergeben hat, die aber in der Praxis sehr heterogen gestaltet ist. Vorstellungen von einem sogenannten Normalunternehmertum sind mit Blick auf die Heterogenität der entsprechenden Lebenschancen und multiplen wirtschaftlichen Existenzen eher Klischees. Eine „Durchschnittsselbstständigkeit" ist häufig eher ein akademisches Konstrukt und trägt der Vielfalt an Sozial- und Wirtschaftsräumen im Unternehmertum kaum Rechnung, wobei diese Vielfalt in diverse institutionelle Regelungen eingebunden ist (Burke et al. 2008; Schulze Buschoff 2010).

Mit dem Anstieg von Solo-Selbstständigkeit als Träger der Zunahme beruflicher Selbstständigkeit, wie sie von Leicht (2000) bereits vor mehr als fünfzehn Jahren beschrieben wurde, geht nicht nur eine Festigung des kleinbetrieblichen Sektors einher, sondern die Entwicklung befördert nachhaltig eine Expansion von Mikrofirmen. Selbstständige werden hier in erster Linie zu Unternehmern ihrer eigenen Arbeitskraft (Pongratz und Voß 2003). Dabei ist nicht hinreichend klar, ob dieser Trend nun für eine Wiederbelebung der Ökonomie und eines Erstarkens des Arbeitsmarktes steht oder ob dieser Trend vielleicht selber als ein Indiz von Schwächen eines angespannten Arbeitsmarktes anzusehen ist. Die Schumpeter'sche Idee einer Koinzidenz des Auftretens neuer Unternehmerschwärme mit einer wachsenden Prosperität (Schumpeter 1964) ist zwar weitläufig in der Wirtschaftspolitik akzeptiert, doch wirft das signifikante Auftreten von Kleinstselbstständigkeiten diesbezüglich eine Reihe von kritischen Fragen auf. Es kann sicherlich nicht gesagt werden, dass nun alle Solo-Selbstständigen aus einer „Ökonomie der Not" entstanden sind, denn deren Berufsverläufe, Motive und weiterer Entstehungsbedingungen sind letztlich unterschiedlich.

© Springer Fachmedien Wiesbaden 2016   27
D. Bögenhold, U. Fachinger, *Berufliche Selbstständigkeit,* essentials,
DOI 10.1007/978-3-658-13283-5_6

Prinzipiell gibt es zwei völlig entgegengesetzte Interpretationen des Phänomens der Solo-Selbstständigkeit, von denen die eine sehr düstere und negative Wahrnehmung und die andere eine gleichermaßen positive ist. In der negativen Variante wird das Phänomen der neu bzw. vermehrt auftretenden Kleinstunternehmerinnen und -unternehmern in der Gestalt von Solo-Selbstständigen als eine moderne Variante von Tagelöhnertum angesehen, wie dieses aus den Anfängen des 20. Jahrhunderts bekannt ist, wo Menschen auf einer täglichen Basis Arbeitskraft anbieten und verkaufen, ohne unter besondere Schutzmechanismen von Arbeits- oder Sozialrecht zu fallen (Fachinger 2007). In dieser Wahrnehmung ließe sich befürchten, dass – zumindest in einigen Wirtschaftsbereichen – dieselben Muster von Existenzen wiederaufleben, die als prekär zu bezeichnen sind und als marginalisierte Variante von Solo-Selbstständigkeit gelten müssen. In diesem Sinne könnte das Erstarken von Mikrofirmen und Kleinstselbstständigkeiten eher für Formen der Destandardisierung mit unsicheren und prekären Arbeitsbedingungen und -lokalitäten angesehen werden. Von besonderem Interesse ist weiterhin die Frage des Scheiterns von Solo-Selbstständigen und mögliche Optionen für einen geschäftlichen Neustart (Kay und Kranzusch 2010).

Umgekehrt zeichnet die optimistische Variante ein gänzlich anderes Bild: Hier wird Solo-Selbstständigkeit nicht als Einbahnstraße gesehen, sondern als eine typische und experimentelle Phase bei neuen Selbstständigen, die neue Wege ausprobieren und „richtige" Entrepreneurs werden wollen. In Österreich stellt die Gruppierung von Ein-Personen-Unternehmen (EPUs) mittlerweile etwa eine feste Begrifflichkeit dar und Literaturbefunde verdeutlichen durchaus moderate Wachstumspotentiale (Keßler et al. 2009). In diesem Sinne werden Kleinstunternehmerinnen und -unternehmer und Solo-Selbstständige eher als *potentiell* erfolgreiche Gründer, die noch auf ihren Durchbruch warten, betrachtet. Schließlich sind Solo-Selbstständige, so wird hier hinzugefügt, in einer wachsenden Zahl von Ländern die „Normalform" beruflicher Selbstständigkeit (Kautonen et al. 2010).

Wenn heute über die Notwendigkeit von mehr Entrepreneurship diskutiert wird (Singer et al. 2015; Acs et al. 2009), steht häufig die populäre Annahme bereit, dass eine Zunahme beruflicher Selbstständigkeit Entrepreneurship stimuliert und unter anderem als Arbeitsplatzmultiplikator angesehen wird. Die empirische Behandlung des Themas zeigt allerdings, dass die Zusammenhänge erheblich komplizierter sind (Kelley et al. 2012). Images von einem „good capitalism" versus einem „bad capitalism" (Baumol et al. 2007) müssen mit Blick auf das Thema Entrepreneurship sorgfältig analysiert werden, um nicht vorschnellen Täuschungen zu verfallen. Wenn in diesem Sinne häufig mit steigenden Selbstständigenzahlen ein „Aufbruch zu neuen Ufern" ausgegeben wird, entpuppt sich das gelegentlich eher als Kehrseite neuer Arbeitsmarktentwicklungen und als ein Spiegel entsprechender Veränderungen der Berufsstrukturen. Diese Veränderungen sind unmittelbar mit strukturellen Änderungen von Wirtschaft und Gesellschaft im Sinne einer Tertiarisierung verbunden. Das Thema der Mikrofirmen in Verbindung mit Solo-Selbstständigkeit ist kompliziert, weil genau der Bereich zwischen den beiden Interpretationspolen von größtem Interesse ist, dieser aber empirisch bislang nur eher schwach ausgeleuchtet erscheint.

Die Schnelllebigkeit der Gesellschaft und die säkulare Bewegung hin zu einer wachsenden Wissensbasierheit der Wirtschaft und Gesellschaft machen auch vor der Arbeitsteilung von Berufen und ihren Inhalten in Verbindung mit der Komposition der Unternehmens-, Sozial- und Wirtschaftsstruktur und des Arbeitsmarktes nicht halt. Solche Verweise sollen beobachtbare Heterogenisierungstendenzen, die sich in Begrifflichkeiten von Prekarität und beruflichen und lebensperspektivisch gestiegenen Unsicherheiten manifestieren, keineswegs bagatellisieren, sondern in einen breiteren Interpretationsrahmen stellen, demnach das gesamte System von industriellen Beziehungen und Beschäftigungsarrangements im Wandel begriffen ist und als Gegenstand soziologischen Diskurses erscheint (Kalleberg 2009).

Vielleicht hat der Umstand, dass eine wachsende Zahl von Kleinstunternehmerinnen und -unternehmer im Dienstleistungsbereich anzutreffen ist, auch eine Verbindung in Richtung dieser Pluralisierungstendenzen. Das Schreddern von standardisierten Globalentwürfen, die verbindliche und universelle Berufskarrieren vorsehen, führt zur Pluralisierung von Berufsidentitäten und -schicksalen, die auch mit Blick auf die Mikroselbstständigkeit ein Erklärungspotential haben können. Die enorme Spannbreite zwischen Arbeitspositionen, Wirtschaftsbereichen, Arbeitszeiten und Einkommen verdeutlicht, dass es nicht *die* Unternehmerin oder *den* Unternehmer gibt, sondern dass es viele spezifische Ausprägungen gibt. Dasselbe gilt für den Weg in eine erfolgreiche Selbstständigkeit, wo sich letztlich am besten eine Reihe an Schlüsselqualifikationen als potentielle Erfolgsfaktoren angeben lassen (Wadhwa et al. 2009; Audretsch 2007), die dann stets ihre eigenen erfolgreichen Synergien finden müssen. Entrepreneurial Diversity kann sogar als ein eigener Motor (Verheul und van Stel 2010) mit Blick auf Wirtschaftsdynamik und Wachstum angesehen werden.

Wenn wir die bisherigen Ergebnisse in ein Resümee und entsprechende Schlussfolgerungen übersetzen wollen, dann zeigt sich, dass die neuen Gesichter des Unternehmertums vor allem auch im Kontext von sektoralen Entwicklungen in Richtung einer Dienstleistungsgesellschaft interpretiert werden müssen und dass darüber hinaus schwindende oder geringe Berufschancen in weiten Teilen des öffentlichen Sektors, aber auch der Privatwirtschaft, bei anhaltendem Druck des Arbeitsmarktes zu Formen von kleiner, teils auch marginaler, Selbstständigkeit führen. Der Blick auf die deutliche Erhöhung der Zahlen bei den Freien

Berufen sowie freiberuflich Erwerbstätigen differenziert und spezifiziert exemplarisch die empirische Betrachtung. Diese Berufe werden in immer stärkerem Maße zum Träger der modernen Selbstständigkeit. Je stärker sich die Wirtschaft mit ihrer Berufswelt weiter in Richtung Tertiarisierung entwickelt, desto stärker werden verschiedene Formen freiberuflicher Arbeit in den Gesichtspunkt geraten. Je stärker allerdings die Freien Berufe zu einer tragenden Säule der beruflichen Selbstständigkeit werden, desto problematischer wird auch die Gleichsetzung von beruflicher Selbstständigkeit mit Unternehmertum, da eine freiberufliche Tätigkeit per definitionem nicht als Unternehmerin oder Unternehmer gilt. Schließlich, je stärker neue Selbstständigenprofile auf dem Vormarsch sind, desto stärker werden auch traditionelle Unternehmerqualifikationen als Schlüsselqualifikationen abgelöst, zumindest aber ergänzt durch neue Sets an Qualifikationen. Hierzu zählen vorrangig diverse Soft Skills einschließlich Kompetenzen des Social Networking, von Teamfähigkeit und interkultureller Kommunikation.

Die vorliegenden Studien verdeutlichen in verschiedenen Perspektiven die Heterogenität der beruflichen Selbstständigkeit (Bögenhold und Fachinger 2015). Kategorien wie Arbeitszeiten und Einkommen fungieren diesbezüglich als Indikatoren, die allerdings stets nur Spiegelungen gravierender Veränderungen in der Wirtschafts- und Sozialstruktur sind. Die Entwicklungen in der Kategorie der beruflichen Selbstständigkeit sind mit anderen Worten ein Bestandteil in der Rekonfiguration der industriellen Beziehungen: „Work is intimately related to other social, economic, and political issues, and so the growth of precarious work and insecurity has wide-spread effects on both work-related and non-work phenomena" (Kalleberg 2009, S. 8). Alle Menschen in (lohn- und gehalts-)abhängiger Beschäftigung stehen in unmittelbarer Beziehung zu anderen Unternehmen und deren Stakeholdern und sind insofern *prima facie* Gegenstand der „employment relations", aber auch die Selbstständigen lassen sich in dieses System der industriellen Beziehungen einordnen: „Even self-employed people can be considered to have ‚employment relations' with customers, suppliers, and other actors" (Kalleberg 2009, S. 12).

Die Veränderungen in der Struktur der beruflichen Selbstständigkeit basieren auf einer Reihe verschiedener Faktoren, die dem Gefüge der Erwerbsstruktur zugrunde liegen. Hierzu zählen auch Strategien von Großunternehmen, Teile ihrer Leistungspalette auszugliedern. Auch neue Marketingstrategien und Verkaufsphilosophien, zu denen etwa das Franchising gehört, sind dabei aufzulisten. Schließlich erhöht sich mit der Diffusion neuer Kommunikations- und Informationstechniken das Spektrum neuer Produkte, aber auch neuer Unternehmen, und zwar vor allem auch vieler Kleinunternehmen in den Bereichen Software und EDV-Dienstleistungen. Das Internet und Telearbeit lassen neue Unternehmen in großem, quantitativ noch schwer beziffertem, Ausmaß entstehen. Demographischer Wandel,

Freizeitgesellschaft und zunehmende Individualisierung produzieren schließlich darüber hinaus auch völlig neue soziale Bedürfnisse und Bedarflagen, die zur Grundlage von wirtschaftlich selbstständigen Existenzen und neuen Unternehmen werden. Schon Kirzner hatte darauf hingewiesen, dass unternehmerischer Wettbewerb immer als Produkt-, Qualitäts- oder Preiswettbewerb stattfinden kann (Kirzner 1979, S. 18 ff.). Soziale Dienste, Altersbetreuung, medizinische Versorgungsleistungen sowie Beratungsbedarfe in diversen Know-How-Feldern werden weiter an Bedeutung gewinnen. Ebenso ist eine hohe oder steigende Arbeitslosigkeit als ein Push-Faktor in Richtung beruflicher Selbstständigkeit anzusehen (vgl. international vergleichend Sternberg et al. 2015; Kelley et al. 2012).

Insbesondere Shane (2003) hatte ausgearbeitet, wie allein durch den gesellschaftlichen Wandel stetig neue Opportunities kreiert werden. Analytisch tiefergehend läßt sich das auch mit Hayek (1945) kommunikationstheoretisch verstehen: „The whole acts as one market, not because any of its members survey the whole field, but because their limited individual fields of vision sufficiently overlap so that through many intermediaries the relevant information is communicated to all" (Hayek 1945, S. 526). So lassen sich demographische Trends einer alternden Gesellschaft oder der Pluralisierung von Lebensstilen, aber auch ein zunehmendes Bewußtsein für hochwertige Lebensmittel und Gesundheitsvorsorge etwa als potentielle „Sources of Opportunities" interpretieren, die prinzipiell neue Lebensräume für neue Unternehmen, Unternehmensgründungen und berufliche Selbstständigkeiten eröffnen. So sind die Nischen und Spielräume geschäftlicher Unternehmungen zu einem Teil wiederum das Spiegelbild gesellschaftlicher Entwicklungen (Shane und Venkataraman 2000). Wenn heute verstärkt über die Kreativwirtschaft (Arndt et al. 2012) diskutiert wird, dann findet das vor dem Hintergrund statt, dass Kultur immer stärker auch als ein Markt für Güter und Dienstleistungen fungiert.

Diese Entwicklungen führen im Zusammenspiel mit weiteren Faktoren seit etwa zwei Jahrzehnten zu einer *Zunahme der Selbstständigkeit.* Untersuchen wir genauer, um welche Formen an Selbstständigkeit es sich hier handelt, fällt auf, dass insbesondere *Mikroselbstständigkeiten* als Ein-Mann- bzw. Eine-Frau-Selbstständigkeiten den entscheidenden Motor dieser Zunahmen abgeben (Bögenhold, Klinglmair 2015 b). Weiterhin findet sich auch für die Selbstständigkeit, was für den Arbeitsmarkt generell konstitutiv erscheint, nämlich eine deutliche Zunahme an Flexibilisierung, *Unstetigkeit* und sozialen Risiken (Fachinger 2014). Die erhöhte Unstetigkeit der Erwerbstätigkeit mit häufigen Wechseln zwischen abhängiger und selbstständiger Beschäftigung sowie auch zwischen Arbeits- und Auftragslosigkeit ist weiterhin auffällig, auch wenn unsere empirischen Ergebnisse hier nur Andeutungen machen und plausibilisierte Mutmaßungen zulassen. Hier entstehen tendenziell neue Formen von Erwerbskarrieren, die ein hohes Maß an Unsicherheit verbunden mit einem teilweise hohen materiellen Risiko beinhalten. Parallel dazu zeigt sich ein hohes Ausmaß an *Destandardisierung* innerhalb der Kategorie der beruflichen Selbstständigkeit. (Leighton 2015, McKeown 2015, Johal, Anastasi 2015). Die verschiedenen Momente von Destandardisierung sind ein Indikator für die *Diversität in dieser Erwerbskategorie.*

In Zusammenhang mit Unstetigkeit, Destandardisierung und Heterogenität gibt es weiterhin zunehmend Formen einer *Erwerbshybridisierung* (Folta et al. 2010), demnach nicht nur die Erwerbsbiographie verschiedene Phasen von abhängiger Erwerbstätigkeit und Selbstständigkeit beinhaltet, sondern auch Mehrfachbeschäftigungen und Kombinationen *zeitgleich* vorzufinden sind. Daraus folgt die Schwierigkeit, die Berufs- und Sozialstruktur in wenige übersichtliche Kategorien zu unterteilen, etwa Unternehmer und abhängig Beschäftigte oder Selbstständige einerseits und Arbeiter, Angestellte und Beamte andererseits, da sich schon auf Grund unserer vorgetragenen Überlegungen andeutet, dass es in erhöhtem Maße *Kombinationen* von „sowohl-als auch" gibt, die die Sozial- und Berufsstruktur zu einem komplexeren Puzzle von Kombinationen werden lassen und auch laufende „Ausgrenzungen" von Erwerbsarbeit hervorbringen. Wenn diese Kombinationen als „fließend" im Lebensverlauf erscheinen, potenzieren sich entsprechende Kombinationsmöglichkeiten.

Die „Sweet Simplicity des Kapitalismus" (Briefs 1931), in der es nur zwei oder drei große Akteure bzw. Berufskategorien in der Gesellschaft gibt, war schon von Götz Briefs (1931) mit Blick auf diese fehlerhafte Schlichtheit kritisiert worden und dürfte heute noch unzutreffender sein. Das soziologische Augenmerk auf die Passage in das (Klein-)Unternehmertum ist insofern von besonderem Interesse, als dieser „kleine soziale Grenzverkehr" (Briefs 1931) lange Zeit theoretisch und empirisch übersehen wurde. Die soziologische Untersuchung solcher sozialen Mobilität kann verdeutlichen, inwieweit die Sozial- und Berufsstruktur als Gefüge gesellschaftlicher Positionen individuell-personal „aufgemischt" wird, d. h. inwieweit die Positionen von stetig wechselnden Personen eingenommen werden. Im Ausmaß der sozialen Mobilität drückt sich dabei in erster Linie die Dynamik und der damit verbundene „Zwang" der gesellschaftlichen Verhältnisse aus, auf den schon Sorokin hinwies, wenn er sagte, dass „in any society the social circulation of individuals and their social distribution is not a matter of chance, but is something which has the character of necessity, which is firmly controlled by many and various institutions by the mere virtue of their existence" (Sorokin 1964, S. 207). Prinzipiell kann die Erforschung sozialer Mobilität im Gegensatz zu „statischen" Schichtungsstudien verdeutlichen, inwieweit soziale Ungleichheit über familiale „Vererbungseffekte" intergenerationell tradiert und perpetuiert wird und/oder inwieweit Verläufe der sozialen und beruflichen Auf- oder Abwärtsmobilität sich innerhalb des Lebensverlaufs von Menschen ereignen (intragenerationell). Ein Großteil der international-vergleichenden Mobilitätsforschung hat sich dabei bis heute positiv oder negativ an der Überprüfung der von Lipset und Zetterberg in den 50er Jahren gezogenen Schlussfolgerung orientiert, daß „the overall pattern of social mobility appears to be much the same in the industrial societies of various Western countries" (Lipset und Zetterberg 1959, S. 12).

Betrachten wir lediglich die Selbstständigkeit, dann zeigen sich hier höchst differenzierte Einzelentwicklungen, die dezidiert auch nur als solche zu analysieren sind (Bögenhold und Fachinger 2012). Auf der einen Seite finden sich hier Phänomene, die auf Diskussionen um Prekarität und Armutsrisiken verweisen, auf der anderen Seite ist berufliche Selbstständigkeit vielerorts zusehends auch berechtigterweise zu einem politischen Instrument der weiteren Kreation von Unternehmen, Beschäftigung und Wachstum geworden. In diesem Sinne sprechen Audretsch und Thurik (2000) von einem Wandel vom Manager-Kapitalismus hin zu einem Kapitalismus, den sie als „Entrepreneurial capitalism" bezeichnen. „Good Jobs" und „Bad Jobs" (Kalleberg 2011) sind häufig Kennzeichen derselben Medaille sozial- und berufsstrukturellen Wandels in einer globaler gewordenen Welt (Beck 2009). Ob Jobs nun eher „good" oder „bad" sind, muss an Hand mehrerer Kriterien überprüft werden, zu denen zumindest auch Fragen von Einkommen und Beschäftigungsstabilität eingebunden in berechenbare Formen von sozialer Sicherung gehören. Es wird eine zukünftig strategisch überaus wichtige Aufgabe sein, aus der bunten Vielzahl einerseits sozial- und arbeitsrechtlich problematische Entwicklungen und andererseits die potentiellen Wachstumsgeneratoren zu identifizieren. Es gibt zahlreiche empirische Belege, die dokumentieren, wie wichtig ein permanenter Zustrom an Unternehmensgründungen und *in persona* neuen Selbstständigen ist, um neue Märkte, Unternehmen und Arbeitsplätze zu schaffen. Eine Analyse des Gründungspanels zeigt beispielsweise, dass insbesondere die jungen Unternehmen zusätzliche Arbeitsplätze schaffen (Hagen et al. 2011). Interessanterweise liegt bei den jungen und neuen erfolgreichen Unternehmen der Anteil von Menschen mit Migrationshintergrund auffällig über dem gesellschaftlichen Durchschnitt. Auch dieser Umstand verweist darauf, dass „Anderssein" auch eine spezifische strategische Sozialqualifikation im Hinblick auf Innovationspotentiale darstellen kann, da hier anders konfigurierte soziale Netzwerke, Einsichten und Kompetenzen Unternehmens- und Kreativitätsvorteile eigener Art mit sich bringen.

Was Sie aus diesem Essential mitnehmen können

- Betrachten wir lediglich die Selbstständigkeit, dann zeigen sich hier höchst differenzierte Einzelentwicklungen: Auf der einen Seite finden sich hier Phänomene, die auf Diskussionen um Prekarität und Armutsrisiken verweisen, auf der anderen Seite ist berufliche Selbstständigkeit vielerorts zusehends auch berechtigterweise zu einem politischen Instrument der weiteren Kreation von Unternehmen, Beschäftigung und Wachstum geworden.
- Analysen auf Basis des Gründungspanels zeigen beispielsweise, dass insbesondere die jungen Unternehmen zusätzliche Arbeitsplätze schaffen. Interessanterweise liegt bei den jungen und neuen erfolgreichen Unternehmen auch der Anteil von Menschen mit Migrationshintergrund auffällig über dem gesellschaftlichen Durchschnitt.
- Seit etwa zwei Jahrzehnten erleben wir in Europa eine deutliche *Zunahme der Selbstständigkeit*. Dabei fällt auf, dass insbesondere *Mikroselbstständigkeiten* den entscheidenden Motor dieser Zunahmen abgeben. Was für den Arbeitsmarkt generell konstitutiv erscheint, gilt offensichtlich auch zunehmend für den Bereich der beruflichen Selbstständigkeit, nämlich eine deutliche Zunahme an Flexibilisierung, Unstetigkeit und sozialen Risiken.
- In Zusammenhang mit Unstetigkeit, Destandardisierung und Heterogenität gibt es weiterhin zunehmend Formen einer *Erwerbshybridisierung*, dernach nicht nur die Erwerbsbiographie verschiedene Phasen von abhängiger Erwerbstätigkeit und Selbstständigkeit beinhaltet, sondern auch Mehrfachbeschäftigungen und Kombinationen *zeitgleich* vorzufinden sind. Daraus folgt die Schwierigkeit, die Berufs- und Sozialstruktur in wenige übersichtliche Kategorien zu unterteilen, etwa Selbstständige einerseits und Arbeiter, Angestellte und Beamte andererseits, da sich in erhöhtem Maße *Kombinationen* von „sowohl-als auch" finden.

© Springer Fachmedien Wiesbaden 2016
D. Bögenhold, U. Fachinger, *Berufliche Selbstständigkeit,* essentials,
DOI 10.1007/978-3-658-13283-5

Literatur

Acs ZJ, Audretsch DB, Evans D (1992) The determinants of variations in self-employment rates across countries and over time. Discussion Paper FS IV 92–93. Wissenschaftszentrum Berlin, Berlin

Acs ZJ, Audretsch DB, Strom TJ (Hrsg) (2009) Entrepreneurship, growth, and public policy. Cambridge University Press, Cambridge

Arndt O, Freitag K, Knetsch F, Sakowski F, Nimmrichter R, Kimpeler S, Wydra S, Baier E (2012) Die Kultur- und Kreativwirtschaft in der gesamtwirtschaftlichen Wertschöpfungskette – Wirkungsketten, Innovationskraft, Potenziale. Endbericht. Prognos AG – Fraunhofer ISI, Berlin

Arum R, Müller W (Hrsg) (2004) The return of self-employment. Princeton University Press, Princeton

Audretsch DB (2007) The entrepreneurial society. Oxford University Press, Oxford

Audretsch DB, Thurik AR (2000) Capitalism and democracy in the 21st Century: from the managed to the entrepreneurial economy. J Evolut Econ 10:17–34

Baumol WJ (1990) Entrepreneurship: productive, unproductive, and destructive. J Polit Econ 98(5):893–921

Baumol WJ, Litan RE, Schramm CJ (2007) Good capitalism, bad capitalism and the economics of growth and prosperity. Yale University Press, New Haven

Beck U (2009) World at risk. Oxford University Press, Oxford

Bell D (1973) The coming of post-industrial society: a venture in social forecasting. Basic Books, New York

Blossfeld H-P (1987) Entry into the labour market and occupational career in the federal republic: a comparison with American studies. In: Teckenberg W (Hrsg) Comparative studies of social structure – recent research on France, the United States, and the Federal Republic of Germany. Sharpe, Armonk, S 86–115

Bögenhold D (1989) Die Berufspassage in das Unternehmertum. Z Soziol 18(4):75–91

Bögenhold D (2004) Creative destruction and human resources: a labor market perspective on firms and human actors. Small Bus Econ 22(3–4):165–177

Bögenhold D, Fachinger U (2007) Micro-firms and the margins of entrepreneurship: the restructuring of the labour market. Int J Entrepreneursh Innov 8(4):281–293

© Springer Fachmedien Wiesbaden 2016

D. Bögenhold, U. Fachinger, *Berufliche Selbstständigkeit,* essentials,

DOI 10.1007/978-3-658-13283-5

Bögenhold D, Fachinger U (2010) Mikro-Selbständigkeit und Restrukturierung des Arbeitsmarktes – Theoretische und empirische Aspekte zur Entwicklung des Unternehmertums. In: Bührmann AD, Pongratz HJ (Hrsg) Prekäres Unternehmertum. Unsicherheiten von selbstständiger Erwerbstätigkeit und Unternehmensgründung. Wirtschaft und Gesellschaft. VS Verlag für Sozialwissenschaften, Wiesbaden, S 65–86

Bögenhold D, Fachinger U (2011) Entrepreneurial Diversity: Theoretische und empirische Beleuchtungen der Heterogenität beruflicher Selbständigkeit in Deutschland. Z KMU Entrepreneursh 59(3):251–272

Bögenhold D, Fachinger U (2012) How diverse is entrepreneurship? Observations on the social heterogeneity of self-employment in Germany. In: Bonnet J, Dejardin M, Madrid-Guijarro A (Hrsg) The shift to the entrepreneurial society: a built economy in education, sustainability and regulation. Edward Elgar, Cheltenham, S 227–241

Bögenhold D, Fachinger U (2013) Rationality of self-employment: do female and male entrepreneurs differ? J Bus Financ 1(2):42–62

Bögenhold D, Fachinger U (2015) Unternehmerinnen: Kontextuelle Faktoren der Zunahme von weiblicher Selbständigkeit und Entrepreneurship. Sozialer Fortschritt Sonderheft Berufliche Selbständigkeit und Entrepreneurship: Neue Perspektiven, neue Problemlagen 64(9–10):227–233

Bögenhold D, Fachinger U (2016) Between need and innovative challenge: observations on female solo-self-employment in Germany. J Enterp Commun 10(1):16–32

Bögenhold D, Klinglmair A (2015a) Women's self-employment and freelancers. Observations on female entrepreneurship. In: Burke A (Hrsg) The handbook of research on freelancing and self-employment. Senate Hall, Dublin, S 51–62

Bögenhold D, Klinglmair A (2015b) Micro-entrepreneurship: tendency towards precarious work? Empirical findings for Austria. Athens J Econ Bus 1(2):107–121

Bögenhold D, Klinglmair A (2016) Entrepreneurship and hybrid self-employment. In: Bögenhold D, Bonnet J, Dejardin M, Garcia D (Hrsg) Contemporary entrepreneurship: multidisciplinary perspectives on innovation and growth. Springer, Berlin

Bögenhold D, Heinonen J, Akola E (2014) Entrepreneurship and independent professionals. Social and economic logics. Int Adv Econ Res 20(3):295–310

Bögenhold D, Fink M, Kraus S (2014) Integrative entrepreneurship research – bridging the gap between sociological and economic perspectives. Int J Entrepreneurial Ventur 6:118–139

Bögenhold D, Staber U (1991) The decline and rise of self-employment. Work Employ Soc 5(2):223–239

Briefs G (1931) Betriebssoziologie. In: Vierkandt A (Hrsg) Handwörterbuch der Soziologie. Enke, Stuttgart, S 31–52

Brush CG, de Bruin A, Welter F (2009) A gender-aware framework for women's entrepreneurship. Int J Gend Entrepreneursh 1(1):8–24

Buchmann M, Kriesi I, Sacchi S (2009) Labor market, job opportunities and transitions to self-employment. Eur Sociol Rev 25(5):569–583

Burke A (2015) Introduction: a freelancing and self-employment research agenda. In: Andrew B (Hrsg) The handbook of research on freelancing and self-employment. Senate Hall, Dublin, S 3–8

Burke AE, FitzRoy FR, Nolan MA (2008) What makes a die-hard entrepreneur? Beyond the ‚employee or entrepreneur' dichotomy. Small Bus Econ 31(2):93–115

Däubler W (2009) Das Arbeitsrecht. 2 Bde. Rororo, Hamburg

Davidsson P (2004) Researching entrepreneurship. Springer, New York

European Commission (2015) Growing the silver economy in Europe. Background Paper. European Commission, Brussels

Fachinger U (2007) Tagelöhner sind keine Beitragszahler. Neue Erwerbsformen und soziale Sicherung. In: Sozialverband VdK Bayern (Hrsg) Die demographische Täuschung: Bevölkerungswandel als Vorwand für eine Politik der Verarmung. Eigenverlag, München, S 65–92

Fachinger U (2014) Selbständige als Grenzgänger des Arbeitsmarktes. Fragen der sozialen Sicherung. In: Gather C, Biermann I, Schürmann L, Ulbricht S, Zipprian H (Hrsg) Die Vielfalt der Selbständigkeit. Sozialwissenschaftliche Beiträge zu einer Erwerbsform im Wandel. Edition Sigma, Berlin, S 111–134

Fachinger U, Henke K-D (Hrsg) (2010) Der private Haushalt als Gesundheitsstandort. Theoretische und empirische Analysen. Nomos, Baden-Baden

Fachinger U, Henke K-D, Koch H, Schöpke B, Troppens S (2014) Gesund altern: Sicherheit und Wohlbefinden zu Hause. Marktpotenzial und neuartige Geschäftsmodelle altersgerechter Assistenzsysteme. Nomos, Baden-Baden

Fachinger U, Oelschläger A, Schmähl W (2004) Die Alterssicherung von Selbständigen – Bestandsaufnahme und Reformoptionen. Lit-Verlag, Münster

Folta TB, Delmar F, Wennberg K (2010) Hybrid entrepreneurship. Manage Sci 56:253–269

Fritsch M, Wyrwich M (2014) The long persistence of regional levels of entrepreneurship: Germany, 1925–2005. Reg Stud 48(6):955–973

Gartner WB (1985) A conceptual framework for describing the phenomenon of new venture creation. Acad Manage Rev 10(4):696–706

Hagen T, Kohn K, Ullrich K (2011) Dynamisches Gründungsgeschehen im Konjunkturaufschwung. KfW-Gründungsmonitor 2011. KfW Bankengruppe, Frankfurt a. M.

Halabisky D (2013) Kurzdossier zur unternehmerischen Initiative älterer Menschen. Unternehmerische Aktivitäten in Europa. Generaldirektion Beschäftigung, Soziales und Integration der Europäischen Kommission und Abteilung für lokale Wirtschafts- und Beschäftigungsentwicklung (LEED) der Organisation für wirtschaftliche Zusammenarbeit und Entwicklung (OECD). Europäische Kommission, Luxemburg

Heller Clain S (2000) Gender differences in full-time self-employment. J Econ Bus 52(6):499–513

Hébert RF, Link AN (1982) The entrepreneur: mainstream. Views and radical critiques. Praeger, New York

Hébert RF, Link AN (2009) A history of entrepreneurship. Routledge, London

Hinz Th, Jungbauer-Gans M (2009) Starting a business after unemployment: characteristics and chances of success (Empirical evidence from a regional German labour market). Entrepreneursh Reg Devel 11:317–333

Hytti U (2005) New meanings for entrepreneurs: from risk-taking heroes to safe-seeking professionals. J Organ Change Manage (Special Issue: Change in the Feminine: Women in Change) 18(6):594–611

Johal S, Anastasi, G (2015) From professional contractor to independent professional: the evolution of freelancing in the UK. Small Bus Res 22(2-3):159–172

Kalleberg AL (2009) Precarious work – insecure workers: employment relations in transition. Am Sociol Rev 74(1):1–22

Kalleberg AL (2011) Good jobs, bad jobs: the rise of polarized and precarious employment systems in the United States. Russell Sage Foundation, New York

Kautonen T, Down S, Welter F, Vainio P, Palmroos J (2010) „Involuntary self-employment" as a public policy issue: a cross-country European view. Int J Entrepreneuri Behav Res 16(1–2):112–129

Kay R, Kranzusch P (2010) Restarts: Bergen erneute Gründungen für zuvor gescheiterte Selbstständige mehr Chancen denn Risiken? In: Bührmann AD, Pongratz HJ (Hrsg) Prekäres Unternehmertum: Unsicherheiten von selbstständiger Erwerbstätigkeit und Unternehmensgründung. VS Verlag für Sozialwissenschaften, Wiesbaden, S 221–245

Kelley DJ, Singer S, Herrington M (2012) Global entrepreneurship monitor 2011. Global Report. Babson Park – Santiago – London: Babson College, Universidad del Desarrollo, London Business School

Keßler A, Korunka C, Frank H, Lueger M (2009) Wachstumsbedingungen von Ein-Personen-Gründungen – Eine Längsschnittbeobachtung über acht Jahre. Z Betriebswirtschaft 79(12):1413–1435

Kitching J, Smallbone D (2012) Are freelancers a neglected form of small business? J Small Bus Enterp Dev 9(1):74–91

Kohli M (2007) The institutionalization of the life course: looking back to looking ahead. Res Hum Dev 4:253–571

Landes D (2006) Dynasties. Fortunes and misfortunes of the world's great family businesses. Basic Books, New York

Landström H, Lohrke F (Hrsg) (2010) Historical foundations of entrepreneurship research. Edward Elgar, Cheltenham

Lederer E (1912) Die Privatangestellten in der modernen Wirtschaftsentwicklung. J. C. B. Mohr, Tübingen

Leicht R (2000) Die „neuen Selbständigen" arbeiten alleine. Wachstum und Struktur der Soloselbständigen in Deutschland. Int Gewerbearch 48(2):75–90

Leicht R, Berwing S, Langhauser M (2015) Heterogenität und soziale Position migrantischer Selbständigkeit in Deutschland. Soz Fortschr Sonderh Berufl Selbständigkeit Entrepreneurship Neue Perspektiven neue Problemlagen 64(9–10):233–241

Leighton, P (2015) Independent professionals: legal issues and challenges. In: A Burke (Hrsg) The handbook of research on freelancing and self-employment. Senate Hall, Dublin, S 99–110

Lipset SM, Zetterberg HL (1959) Social mobility in industrial societies. In: Lipset SM, Reinhard R (Hrsg) Social mobility in industrial society. University of California Press, Berkeley

Luber S (2003) Berufliche Selbständigkeit im Wandel. Ein empirischer Vergleich der sozialen und wirtschaftlichen Struktur Selbständiger in Deutschland und Großbritannien. Peter Lang, Frankfurt a. M.

Marbach F (1942) Theorie des Mittelstandes. Francke, Bern

Mayer KU (2009) New directions in life course research. Annu Rev Sociol 35:413–433

McKeown, T (2015) What's in a name? The value of 'Entrepreneurs' compared to 'Self-Employed' … but what about 'Freelancing' or 'IPro'? In: Burke A (Hrsg) The handbook of research on freelancing and self-employment. Senate Hall, Dublin, S 121–134

Petermann S, Piorkowsky M-B (2013) Selbstständige in Deutschland 2008–2012 mit einem Exkurs über Haushalts-Unternehmens-Komplexe. Der Selbstständigen-Monitor mit dem vollständigen Datensatz des Mikrozensus des Statistischen Bundesamtes. Rheinische Friedrich-Wilhelms-Universität Bonn, Professur für Haushalts- und Konsumökonomik, Bonn

Piorkowsky M-B (2011) Alltags- und Lebensökonomie Erweiterte mikroökonomische Grundlagen für finanzwirtschaftliche und sozioökonomisch- ökologische Basiskompetenzen. Bonn University Press, Bonn

Pongratz HJ, Voß GG (2003) Arbeitskraftunternehmer. Erwerbsorientierungen in entgrenzten Arbeitsformen. Edition Sigma, Berlin

Schulze Buschoff K (2010) Sozialpolitische Perspektiven der „neuen Selbständigkeit". In: Bührmann AD, Pongratz HJ (Hrsg) Prekäres Unternehmertum. Unsicherheiten von selbständiger Erwerbstätigkeit und Unternehmensgründung. VS Verlag für Sozialwissenschaften, Wiesbaden, S 167–191

Schumpeter JA (1953) Die sozialen Klassen im ethnisch homogenen Milieu (orig. 1927). In: Schumpeter JA (Hrsg) Aufsätze zur Soziologie. J. C. B. Mohr, Tübingen

Schumpeter JA (1964) Theorie der wirtschaftlichen Entwicklung. Duncker und Humblot, Berlin

Schumpeter JA (2000) Capitalism, socialism, and democracy. Routledge, London

Shane S (2003) A general theory of entrepreneurship. The individual-opportunity Nexus. Edward Elgar, Cheltenham

Shane S, Venkataraman S (2000) The promise of entrepreneurship as a field of research. Acad Manage Rev 25:217–226

Shevchuk, A, Strebkov, D (2015) The rise of freelance contracting on the Russian-language internet. Small Enterp Res 22(2-3):146–158

Singer S, Amorós JE, Moska Arreola D (2015) Global entrepreneurship monitor 2014 Global Report. Global Entrepreneurship Monitor. 2014 Global Report. Babson Park, MA – Santiago, Chile – Kuala Lumpur, Malaysia – Monterrey, Mexico – London, United Kingdom: Babson College, Universidad del Desarrollo, Universiti Tun Abdul Razak, Tecnológico de Monterrey, London Business School

Sorokin PA (1964) Social and cultural mobility (orig. 1927). The Free Press, Glencoe

Statistisches Bundesamt (v. J.) Mikrozensus. Bevölkerung und Erwerbstätigkeit. Stand und Entwicklung der Erwerbstätigkeit. Deutschland. Fachserie 1, Reihe 4.1.1. Statistisches Bundesamt, Wiesbaden

Statistisches Bundesamt (2015) Statistisches Jahrbuch 2015. Für die Bundesrepublik Deutschland mit „Internationalen Übersichten". Statistisches Bundesamt, Wiesbaden

Sternberg R, Vorderwülbecke A, Brixy U (2015) Global entrepreneurship monitor. Untenrehmensgründungen im weltweiten Vergleich. Länderbericht Deutschland 2014. Global Entrepreneurship Monitor. Hannover – Nürnberg: Leibniz Universität Hannover, Institut für Wirtschafts- und Kulturgeographie – Institut für Arbeitsmarkt- und Berufsforschung (IAB)

Verheul I, van Stel A (2010) Entrepreneurial diversity and economic growth. In: Bonnet J, García-Pérez-de-Lema D, van Auken H (Hrsg) The entrepreneurial society. How to fill the gap between knowledge and innovation. Edward Elgar, Cheltenham, S 15–35

Volkmann CK, Tokarski KO, Grunhagen M (2009) Entrepreneurship in a European perspective. Concepts for the creation and growth of new ventures. Gabler, Wiesbaden

Wadhwa V, Aggarwal R, Holly KZ, Salkever A (2009) The anatomy of an entrepreneur. Making of a successful entrepreneur. Kauffman Foundation of Entrepreneurship, Kansas City

Weber P, Schaper M (2004) Understanding the grey entrepreneur: a review of the literature. J Enterp C 12(2):147–164

Welter F (2011) Contextualizing Entrepreneurship – Conceptual Challenges and Ways Forward. Entrep Theory Pract 35(1):164–184